KB189615

서른, 기도로 묻다

하나님의 생각을 알아가는 기도습관

서른, 기도로 묻다

초판 1쇄 인쇄 2010년 6월 4일 초판 1쇄 발행 2010년 6월 14일

지은이 이상화 펴낸이 연준혁

출판 1분사 편집장 이효선 편집 조현철
제작 이재승 송현주

펴낸곳 (주)위즈덤하우스 출판등록 2000년 5월 23일 제13-1071호
주소 (410-380) 경기도 고양시 일산동구 장항동 846번지 센트럴프라자 6층
전화 031) 936-4000 팩스 031) 903-3891
전자우편 yedam1@wisdomhouse.co.kr 홈페이지 www.wisdomhouse.co.kr
출력 엔터 종이 화인페이퍼 인쇄·제본 영신사

값 12,000원 ISBN 978-89-961233-7-8 03230

국립중앙도서관 출판시도서목록(CIP)

서른, 기도로 묻다 : 하나님의 생각을 알아가는 기도습관 /
이상화 지음. — 고양 : 위즈덤하우스, 2010
p. ; cm
ISBN 978-89-961233-7-8 03230 : ₩12000
기도(종교)[祈禱]
237.2-KDC5
248.32-DDC21 CIP 2010002074

서른, 기도로 묻다

이상화 지음

노래방에서 골방으로, 왜 기도로 물을 수밖에 없는가?

"생각대로 해. 그게 답이야!"

익숙하다 못해 어떤 이들에게는 삶의 모토로까지 자리 잡은 모 회사의 광고 카피다. "인간은 태어나면서부터 자유롭다"는 철학자 장 자크 루소의 표현이 오늘날에는 이런 식으로 표현되는 듯싶다. 이런 상황에서 절대가치를 따라 사는 사람은 편견에 사로잡혀 있거나 시대에 뒤떨어진 것으로 평가되는 분위기가 역력하다.

그러나 아무리 시대의 흐름이 이렇다 해도 '생각대로 하라고? 그런데 그게 다 답은 아니야'라는 소리가 자꾸만 생각의 밑바닥에서 올라온다. 물론 생각대로 하는 자유가 사회 발전의 동인이 되었다는 것을 부정할 수는 없다. 그러나 다른 한편으로 '생각대로'에 기초한 인간의 자유스런 행동들이 역사적으로 얼마나 공동체를 힘들게 하고 성숙의 저해 요인이 되었는가 하는 점 역시 간과할 수 없다. 조금만 깊이 따져보면 부족한 인간들의 '생각대로'가 항상 참인 명제는 아닌 셈이다.

이 시대를 사는 사람들 중에서 절대 진리에 대한 이해의 지평을 넓히려고 노력하는 이들은 그리 많지 않다. 대부분은 '내가 옳고, 내 생각만이 언제나 답'이라는 오만과 독선의 날을 날카롭게 세우고 있다. 이런 상황을 마음의 눈으로 들여다보면, 수많은 사람들이 겉으로는 멀쩡해 보여도 내면에서는 힘겹게 가슴앓이를 하거나 속울음을 토하고 있음을 볼 수 있다. 또한 누군가에게 자신이 걷는 길이 제대로 된 길인지 묻고 싶어 한다는 것도 알 수 있다.

공자는 서른이면 뜻이 확고하게 서고(三十而立), 마흔에는 미혹되지 않는다(四十而不惑)고 했지만 현실은 그렇지 않은 것 같다. 물론 모든 이들이 그런 것은 아니지만, 수많은 30, 40대들이 일상 속에서 부딪치는 문제들에 대해 버거워하며 힘겨운 세상을 억지로 살고 있는 듯한 모습을 보인다. 어떤 사람들은 "세상이 나를 술 마시게 하고 욕 나오게 한다"고 거칠게 내뱉기도 한다. 맨 정신으로 사는 것이 힘겨워 아예 이성을 잃기로 작정한 듯 술에 찌들어 사는 이들도 의외로 많다. 또 노래방에서 마이크 잡고 악쓰는 것을 일상의 코스로 삼고 있는 그리스도인들도 많이 보았다. 도대체 무엇이 멀쩡한 사람들을 술독에 빠지게 하고, 그리스도인들의 입에서 욕이 튀어나오게 만드는 걸까?

어느 날 시편을 읽다가 경탄을 느끼게 하는 말씀이 눈에 들어왔다.

> 주께서 내 내장을 지으시며 나의 모태에서 나를 만드셨나이다
>
> (시편 139편 13절)

세상은 '생각대로'가 대세이고, 순리順理가 결코 역리易理를 능가할 수 없을 것 같은 숨 막히는 풍토에서 살고 있다. 하지만 이 말씀을 보는 순간 모든 것을 아시는 분, 나의 선택과 가는 길을 확실하게 아시는 분, 그리고 세상의 모든 것을 쥐고 계시는 분이 바로 내가 믿는 '전능자 하나님'이라는 인식을 다시 한 번 새롭게 할 수 있었다. 그러면서 문득 일생 동안 하나님 앞에서 낙타무릎으로 사셨던 어머니가 생각났다.

내가 말귀를 조금 알아듣기 시작한 때부터 어머니는 혼자서 기

도할 때나 나와 바로 위의 누나를 앉혀놓고 기도할 때 언제나 "하나님, 다 아시지요?"라는 한 마디를 빼놓지 않으셨다. 훗날 철이 들어 기도의 세계를 경험하면서 이 짧은 말 한 마디에 함축된 오묘한 진리를 점점 선명하게 깨달을 수 있었다. 어머니는 이 말을 반복하면서 하나님 앞에 앉아 있는 자신이 얼마나 무능력하고, 또 자신을 지으시고 골수까지 아시는 하나님께 불쌍히 여김을 받아야 할 존재인가를 입술로 고백하셨던 것이다. 어머니의 이 한 마디는 나에게 자신의 자아와 자존심을 모두 내놓은 채 주님을 전적으로 의지하고 믿고 기도하면, 사방이 욱여쌈을 당하고 사망의 음침한 골짜기를 걷는다 해도 전능하신 하나님의 손이 함께한다는 것을 항상 인식하게 해주었다.

기도와 어머니를 연관 지어 생각할 때, 또 한 가지 어머니 특유의 표현이 기억난다. 어머니는 기도하러 가실 때마다 '하나님께 물어보러 간다'는 표현을 자주 사용하셨다. 왜 그런 표현을 사용하는지 여쭤본 적은 없지만, 아홉 남매를 키워야 했던 어머니로서는 순간순간 부닥치는 일마다 전능자께 물어볼 수밖에 없었을 것이라는 점을 미루어 헤아릴 수 있었다. 그래서 나도 기도 시간을 종종 "하나님께 물어보는 시간"으로 표현하며, 선택의 순간이나 복잡한 일을 당할 때 하나님께 여쭙는 것만이 최선이라는 것을 마음에 늘 되새기곤 했다. 지금도 여전히 진지하고 깊이 있게 하나님께 물어보는 시간을 갖고 위로부터 오는 말씀을 들으려고 노력한다.

앞으로 주어진 삶이 얼마가 남았든, 사람들은 각자의 삶 속에서 수많은 일들을 만나고 겪으면서 살아가게 된다. 물론 삶의 연륜이 깊은 사람들은 힘들고 어려운 일이 닥쳐도 상대적으로 잘 헤쳐나갈 것이다. 하지만 살아온 날보다 살아갈 날이 더 많은 30대들에게는 삶 자체가 어디 하나 녹록지 않다. 성공만 위대한 것이 아니고 실패도 영광스러운 것이라는 식의 화려한 명언들이 많지만, 막상 닥치면 상처가 훨씬 크기 마련이다. 게다가 어느 것 하나 숨통을 조여오는 중압감에서 자유로운 것이 없다. 그래서 이것저것 눈치 보고 고민하다 결국엔 포기하듯이 "생각대로 해"라는 편한 말에 현혹되어 움직이는 것이 우리의 모습들이 아닐까? 그 결과 많은 사람들이 '잘 되면 좋고, 아니면 말고' 식의 인생으로 마침표를 찍게 된다.

우리 인생은 늘 상처받고 깨지는 작고 보잘것없는 그릇이라고 해도 과언이 아닐 것이다. 그러나 내가 여쭙는 기도를 들으시는 하나님은 나를 가장 잘 아는 전능자시다. 삼위일체 하나님이신 예수님도 성육신의 삶을 사는 동안 이 점에 대해 공감하시고 기도의 삶에 대해 강조하는 것은 눈여겨볼 만한 대목이다. 신구약 성경 속에는 기도와 관련된 단어가 총 280회나 기록되어 있다. 그 가운데 예수님의 지상 행적을 기록한 사복음서에는 기도와 관련된 단어가 무려 51번(명사형 3번, 동사형으로 "기도하라"라고 한 명령형이 48번)이나 기록되어 있다. 예수님께서 얼마만큼 기도생활에 열심이셨고, 또 비중을 두고 계셨는지를 알 수 있는 증거다. 그러므로 일상 속에서 하나님께 묻는 일을 계속해야 할 필요성은 아무리 강조해도 지나치지 않는다.

이제 일상의 고민과 문제들을 노래방 같은 곳에서 시간 낭비하며 풀지 않기를 바란다. 하나님과 독대하여 물어보는 기도의 골방에서 모든 문제와 어려움들이 풀리게 되는 기이하고도 놀라운 체험을 해볼 수 있기를 바란다.

2010년 6월

늘 감사로 이상화

차
례
contents

3장 *work* 직장에서도 인정받는 그리스도인이고 싶다

4장 *myself* 하나님, 나는 왜 이런 걸까요?

5장 *vision* 내 앞길을 가르쳐주소서

10장 *church* 왜 교회 가는 게 즐겁지 않을까?

11장 *home* 우리 집, 정말 행복했으면

12장 *happiness* 내가 정말 행복하다고 생각하는가?

| 1장 |

내게는 왜 간절함이 없을까?

prayers for faith

내 믿음의 진정성을 의심해보았는가?

신앙이 늘 제자리를 맴도는 이유

하나님의 인도하심을 믿을 수 없다면

삶의 모든 부분이 찬양의 도구로 쓰이는가?

응답이 아니어도 좋은 기도의 이유

faith

화석화되어가는 듯한 나의 신앙과
건조한 경건 행위뿐인 나의 영성을 돌아봅니다.
나와 하나님의 관계에서 잃어버린 친밀함을
다시 회복하고 날마다 새로운 당신을
경험하고 싶습니다.

신앙 1

내 믿음의 진정성을 의심해보았는가?

신앙인이 된다는 것은 어떤 의미일까? 어떤 사람들은 특별한 감정을 느낄 때 믿음이 생긴다 하고, 어떤 사람들은 일상에서 일어날 수 없는 특별한 경험을 함으로써 신앙인이 되었다고 말하기도 한다. 신앙을 갖게 되는 시작점에서 이 두 가지는 양립 가능한 이야기다. 그러나 그리스도인으로서의 신앙을 말할 때 중요하게 점검해야 하는 문제는, 진정성 있는 신앙을 가졌느냐, 아니면 거짓 신앙을 가지고 있느냐다. 이 두 가지는 절대로 양립이 불가능하기 때문이다.

믿음과 관련하여 의미 있게 읽었던 글을 소개한다.

미국의 캘리포니아 주와 네바다 주 접경에 아마고사 산맥이 있다. 아마고사 사막을 건너기 위해서는 반드시 좁은 길을 통과해야 하는데, 길 중간 즈음에 이르면 물 펌프 하나가 사람들을 반겨준다고 한다. 갈증에 찌든 행인들이 펌프를 향해 뛰어가면 거기에 다음과 같은 독특한 내용의 편지 하나가 붙어 있다.

이 펌프에 물을 붓고 펌프질만 하면 시원한 지하수가 틀림없이 나옵니다. 땅 밑의 샘에는 언제나 물이 흐르고 있기 때문입니다. 펌프 옆 흰 바위 밑을 파면 물이 가득 담긴 병이 파묻혀 있을 것입니다. 그 병은 햇볕에 증발하지 않도록 마개를 잘 막아두었습니다. 병을 꺼내서 거기 있는 물을 펌프에 부으십시오. 만약에 그 물을 한 모금이라도 먼저 마시면 물이 모자라게 됩니다. 이 말을 꼭 믿으십시오. 틀림없이 물은 당신에게 필요한 만큼 충분히 나올 것입니다. 그리고 물을 다 쓴 후에는 그 병에다 물을 가득 채워서 처음 있던 그대로 마개를 꼭 막아 모래 속에 묻어주십시오. 다음에 오는 사람을 위해서 말입니다. 덧붙임: 병의 물을 절대 먼저 마시면 안 됩니다. 제 말을 믿으십시오.

한번 아마고사 사막에 가서 확인해보고 싶을 정도로 여운을 주는 이야기다. 아마도 신앙생활을 시작했다면 귀에 못이 박이도록 듣는 이야기가 "믿어야 한다"는 말일 것이다. 특히 어린 시절부터 교회를 다닌 이들이라면 누구나 암송하는, "하나님이 세상을 이처럼 사랑하사 독생자를 주셨으니 이는 그를 믿는 자마다 멸망하지 않고 영생을 얻게 하려 하심이라"(요한복음 3장 16절)는 말씀을 익히 알 것이다. 그런데 문제는 너무 많이 외쳐져서 '믿음'이란 단어가 식상해진 것이다.

그러나 '믿음'이란 단어는 신앙생활을 하는 그리스도인에게 있어 다른 그 무엇보다 중요한 것이며, 부단히 그 진정성을 점검해야 한다. 많은 사람들이 우리를 향해 "저 사람, 능력 있는 사람이다"라고 하거나 "저 사람, 가진 것이 많은 사람이다"라고 평가하는 것에 만족할는지 모른다. 그러나 엄밀한 의미에서 그리스도인은 죽음이 끝이 아니라 '영원한 세계'가 있다는 사실을 알고 있는 사람들이고, 이 땅에서 영원한 세계를 준비하는 사람들이다. 여기서 가장 중요한 것은 실력이나 재력 같은 능력이 아니라 바로 영원한 세계를 준비하신 그리스도를 믿는 믿음이다. 그래서 성경에서 일명 '믿음장'이라 일컬어지는 히브리서 11장은 믿음의 사람들을 소개하면서, "이런 사람은 세상이 감당할 수 없는 사람들"(히브리서 11장 38절)이라고 표현하고 있다.

분명히 남들보다 빠르게 승진해서 다른 사람들보다 더 잘 살고, 더 많이 벌고, 더 존경받는 위치에 있는 것도 이 세상을 살아가는 동안에는 중요하고 가치 있는 일이다. 그러나 궁극적으로 들어가야 할 영원한 하나님 나라를 중심으로 생각해보면 우리의 인간적인 능력은 별로 도움이 되지 않는다. 다시 말하면 영혼의 문제에는 아무런 영향력을 행사할 수 없는 것이다. 이 부분에 대해서 예수님은 마가복음 8장 36절에서 아주 직설적으로 "사람이 만일 온 천하를 얻고도 자기 목숨을 잃으면 무엇이 유익하리요"라고 말씀하고 계신다. 분명 영혼을 소유한 우리에게는 지금 살고 있는 이 세계가 전부가 아니다. 신앙인에게 중요한 관심사는 눈에 보이는 세상이 아니라, 지금은 보이지 않는다 할지라도 그 존재를 부정할 수 없는 영원한 세계이다. 영원한 세계에서 영원히 복된 삶을 살기 위해 준비하는 삶, 이것이 바로 신앙생활인 것이다.

그런데 문제는 진정성을 느낄 수 있는 신앙을 가지기 원한다면 입술로만 고백할 것이 아니라 구체적인 신앙의 표현이 뒤따라야 한다는 점이다. 이렇게 말할 수 있는 근거는 한 부자 청년이 예수님을 찾아와서 대화를 나눈 마태복음 19장에서 쉽게 확인할 수 있다. "어떻게 해야 영생을 얻겠습니까?"라는 질문에 대해 예수님은 "네가 생명에 들어가려면 계명들을 지키라"(마태복음 19장 17절)고 말씀하셨고, "네가 온전하고자 할진대 가서 네 소유를 팔아 가난한 자들을 주라 그리하면 하늘에서 보화가 네게 있으리라 그리고 와서 나를 따르라"(마태복음 19장 21절)고 대답하신다.

사람이 하나님의 계명을 완전히 지키기란 불가능하다. 그래서 예수님은 "와서 나를 따르라"는 진정한 믿음의 표현을 요구하신 것이다. 재물을 포기하고 예수님을 따르라는 요구에도 불구하고 청년은 재물(자신이 귀하게 여기는 것)을 포기하지 못하고 결국 돌아가고(그리스도를 믿지 못함) 만다. 신앙을 표현하는 방식은 제각기 다를 수 있다. 예수님보다 자기에게 주어진 재물을 더 사랑했던 부자 청년이 가진 것을 포기할 수도 있고, 그리스도인으로서 덕을 세울 수 없는 직업에 종사하는 사람이라면 그 직업을 포기함으로써 진정한 믿음이 표현될 수도 있다. 또 예수님의 제자였던 도마 같은 인물처럼 부활하신 예수님으로부터 '보지 않고 믿을 것'을 요청받을 수도 있다. 이런 의미에서 그리스도인으로서 다시 한 번 '나의 삶을 통해 진정성 있는 신앙이 표현되고 있는가?'를 점검할 필요가 있다.

예수께서 이르시되 너는 나를 본 고로 믿느냐 보지 못하고 믿는 자들은 복되도다 하시니라

요한복음 20장 29절

“확실한 증거가 없어도 믿음으로

주님의 살아 계심을 받아들이는 것이 복되다고 하신 주님!

주님을 향한 믿음을 가질 때 진정한 행복이 있음을 고백합니다.

일상 속에서 경험하는 모든 것들 속에서

그리스도를 믿는 믿음의 눈을 가지게 하시고,

어떤 결정을 하든지 진정성 있는 신앙의 기준으로

결정할 수 있는 믿음의 사람이 되게 하옵소서.”

신앙 2

신앙이 늘 제자리를 맴도는 이유

성경을 읽거나 우리의 삶을 보더라도 신앙생활에서 그리스도를 만나는 회심의 방식에는 다양한 유형이 있다. 사도 바울처럼 급작스럽게 회심을 경험하고 하나님 앞에 꼬꾸라지는 '돌연형'이 있는가 하면, 디모데와 같이 모태신앙을 갖고 태어나 변화의 단계를 차곡차곡 거치는 '점진형'이 있다. 종교개혁자인 장 칼뱅은 급박하고 갑작스러운 회심보다는 조금씩 마음의 변화를 거쳐 하나님께로 나아가는 과정을 거치는 점진적인 회심을 강조한다. 여기서 중요한 것은, 회심의 방식이 '돌연형'이든 '점진형'이든 모든 그리스도인들은 하나님이 기뻐하실 만한 영성을 가지기 위해 영적 성숙을 갈망해야 한다는 점이다. 따지고 보면 사도 바울도 다마스커스로 가는 여정에서 하늘로부터 빛이 비춰지면서 예수님의 음성을 들음으로써 갑작스럽게 근본적인 변화가 일어나는 놀라운 순간을 경험했다. 하지만 그 순간부터 성숙한 섬김과 순종의 삶으로 완전히 변화된 것은 아니었다. 주님을 만난 뒤에도 그의 삶에는 빼내야 하는 불순물이 여전히 존재했고, 영적으로 새롭게 되기 위해 분투했다는 성경의 증언이 있다.

그리스도인이 된다는 것은, 입술로 주님을 '나의 주님'으로 고백했다고 해서 끝나는 것이 아니다. 따라서 영적인 세계에 입문한 순간부터 초월적인 삶을 살 수 있는 것도 아니다. 그리스도인은 이 세상이 전부가 아니기 때문에 항상 하늘을 쳐다보아야 하지만, 지금 내 발이 땅을 딛고 서 있다는 사실을 간과해서도 안 된다. 성경은 여러 곳에서 회심한 그리스도인들이 점진적인 변화의 과정을 겪어야 한다고 강조하고 있다. 때로는 적극적인 표현으로 이런 상황을 '믿음의 경주'라고도 하고, 더욱 강한 표현으로 '그리스도의 좋은 군사'라고 일컫기도 한다. '믿음의 경주'를 해야 한다는 것은 훈련을 전제로 하고 있으며, '군사'라는 표현 속에서도 강한 훈련이 필요하다는 것을 암시하고 있다. 특별히 믿음의 경주는 주님이 다시 오실 때까지 계속되는 평생의 경주라는 특징이 있으므로, 그리스도인의 훈련 역시 평생 지속되어야 한다.

생뚱맞은 이야기 같지만 고양이가 쥐를 잡는 것은 고양이의 본능 때문일까, 아니면 훈련 때문일까? 많은 사람들이 고양이가 쥐를 잡는 것은 고양이의 본능 때문이라고 알고 있지만 이것은 잘못된 지식이다. 전문가들은 어미의 훈련과 교육으로 인하여 고양이가 쥐를 잡을 수 있는 능력을 가지게 된다고 말한다.

신앙생활을 수십 년이나 하고, 믿음이 없는 것도 아닌데 왠지 모르게 주님과 주님 나라를 위해 헌신하는 것이 어설퍼 보이는 그리스도인들이 있다. 이유는 간단하다. 영적으로 배울 수 있는 기회가 제대로 없었기 때문이다. 많은 그리스도인들이 신앙고백을 하고 세례를 받으면 모든 것이 끝났다고 생각하는 경향이 있다. 세례를 받고 신앙고백을 했다는 것은, 학교를 졸업한 것이 아니라 이제 영적 성숙의 입문 과정에 들어섰다는 것을 의미한다. 교회생활을 오랫동안 한 사람들 가운데는 자신이 출석하는 교회에서 시행하는 모든 교육 프로그램을 이수했기 때문에 더 이상 배울 것이 없다고 말하기도 한다. 만약 영적 성숙을 위한 교회 내 프로그램을 모두 이수했다면 선교단체나 다른 기독교 단체를 통해서 훈련받는 것도 고려해볼 만하다.

훈련받지 않은 군대가 전쟁에서 패배하는 것은 자명하다. 그러므로 그리스도인들은 영적 성숙을 향해 부단히 노력해야 한다. 따라서 자신이 이전보다 더욱 하나님을 갈망하는지, 자신의 죄와 하나님에 대해 민감해지고 있는지, 점점 자기중심적인 생각에서 벗어나 기꺼이 다른 사람을 용납하고 사랑하고 있는지, 더욱더 하나님 말씀의 통치를 받으며 교회와 하나님 나라에 대해 더 많은 관심을 가지고 있는지 점검해보아야 한다. 그리스도의 장성한 분량에 이르기까지 자라기 위해 성숙을 향한 노력을 쉬지 않고 해야 한다.

실제로 영적 성숙을 사모하며 훈련받기 위해 노력한다는 것은,

새로운 생명을 얻어 자신의 삶 가운데에서 하나님 임재하심의 풍성한 의미를 알아가면서 이를 체험하는 것을 의미한다. 이런 사람들은 예수님을 알면 알수록 더욱더 알고 싶어 하고, 자기중심적인 삶을 살기보다는 타자 중심적인 삶을 살기 위해 노력한다. 한마디로 매일매일의 삶 속에서 '하나님 앞에서*Coram Deo*'라는 인식을 가지고, 하나님과 하나님의 일들에 대해 항상 염두에 두는 삶을 사는 것이다. 영적 성숙을 갈망한다는 것은 어떤 상황에서든 하나님을 향하며 살아가겠다는 의지적 표현이라고 말할 수 있다.

"같은 자리에서 낚시질 3년이면 물길을 훤하게 본다"는 말이 있다. 3년이 아니라 10년 이상을 같은 교회에서 예배드리면서도 그리스도인다운 변화와 성숙을 보여주지 못한다면 반드시 반성해야 한다. 아무리 모태신앙이고, 교회에서 직분을 가졌더라도 그것이 성숙함으로 표현되지 않는다면 무익하다. 어찌됐든 그리스도인이 되었다면 날마다 성숙을 갈망해야 한다. 존 웨슬리는 "나에게 하나님만을 갈망하며 오직 죄만을 두려워하는 1백 명의 전도자를 보내달라 … 그런 사람들은 지옥의 문을 흔들며 이 땅에 하나님 나라를 세울 것이다"라고 말했다.

나무 한 그루가 자라는 데도 오랜 시간이 필요하다. 영적인 성숙이 더디다고 실망할 필요는 없다. 중요한 것은 얼마나 빠르게 자라는가가 아니라 진정으로 바르게 자라는 것이다.

경건에 이르도록 네 자신을 연단하라

디모데전서 4장 7절

"나를 자녀 삼아주신 하나님!

땅에 발을 붙이고 있기 때문에 여러 가지 모양으로 부족하지만

순간마다, 호흡마다 주님 닮기를 갈망합니다.

비록 더디겠지만 치우침 없이 좌절하지 않고

주님이 세워두신 경건의 목적지에 도달할 수 있도록

끊임없이 훈련받는 은혜를 허락하여 주옵소서."

신앙 3

하나님의 인도하심을 믿을 수 없다면

「말아톤」이라는 영화를 통해 유명해진 말 가운데 '페이스메이커Pacemaker'라는 마라톤 용어가 있다. 마라톤 주자들이 무리 없이 안전하게 달릴 수 있도록 함께 뛰며 페이스 조절을 돕는 것이 바로 페이스메이커의 역할이다. 페이스메이커는 코스 상황에 따라 마라톤 주자들이 달릴 수 있는 각 시간대별로 시간 표시를 해주고, 풍선을 달고 선수들과 함께 달림으로써 자칫 오버페이스로 어려움을 겪을 수도 있는 선수들이 제 페이스를 유지하고 일정 속도로 달리도록 해준다.

레드 카펫이 깔린 것처럼 요철도 없고 구렁텅이도 없는 평탄한 인생길이라면 좋겠지만, 모두가 그러하듯 인생길은 광야처럼 험악할 수밖에 없다. 그래서인지 자신의 앞날을 예측하고 싶어 하는 현대인의 욕구는 점점 커지고 있다. 점집을 드나드는 사람들의 수가 점점 늘어나는 것은 이런 상황을 잘 대변해준다. 실제로 경제 위기를 겪고 있는 상황 속에서 모 일간지는 일반 점집뿐만 아니라 온라인에서도 점을 친다며 "사주카페 문전성시, 온라인도 북적"이라는 제호를 달아 미래를 알고픈 현대인들의 욕구를 사실적으로 소개하고 있다. 기사에 의하면, 특히 취업 준비생인 20대와 미래에 대해 불안을 느끼는 30대, 그리고 구조조정, 명예퇴직, 실직 등 직장 문제 때문에 불안한 마음으로 찾아오는 40대와 50대가 고루 분포되어 있다고 한다. 여기서 더욱 흥미로운 것은 점을 치는 남성과 여성의 비율이 비슷하다는 사실이다. 점괘가 맞든 안 맞든 누군가 내 미래가 '어떻게 될 것'이라고 말해줬으면 하는 절박한 심정과, 보이지 않는 초인적인 힘을 빌려서라도 현실을 타개해보려는 심리적 방어기제가 현대인들에게 작동하고 있다는 것을 여실히 알 수 있다. 이런 추세를 타고 온라인 점집을 운영하는 포털사이트들도 호황을 누리는데, 모 포털의 운세 서비스는 2009년 1월의 이용자 수가 전해 같은 기간에 비해 65퍼센트나 늘었다고 한다.

정치 · 경제적으로 불안정한 상황과 앞날에 대한 불투명함, 생존과 생활의 안정이 위협당하는 상황에서 인생의 맛을 조금 알기 시작한 30대, 이 서른 고개를 넘은 우리의 삶을 함께 고민하며 페이스메이커 역할을 해줄 존재는 과연 누구일까?

성경은 인생길을 헉헉거리며 달리는 우리 30대들에게 아주 귀중한 단서를 제공한다. 바로 오직 하나님만이 인생 역정의 페이스메이커이심을 깨닫고, '하나님과 더불어 동행하는' 인생을 산 사람들만이 그 누구와도 비교할 수 없는 풍요로움을 누렸다는 사실이다. 이스라엘의 조상 가운데 가장 극적인 인생 역정을 보여주는 인물인 야곱의 고백을 들어보자. 야곱은 요셉이 먼저 이주해 있던 이집트의 왕 앞에 서서, "내 나그네 길의 세월이 백삼십 년이니이다 내 나이가 얼마 못 되니 우리 조상의 나그네 길의 연조에 미치지 못하나 험악한 세월을 보내었나이다"(창세기 47장 9절)라고 자신의 인생을 회고한다. 그리고 임종 전에는 요셉의 두 아들을 축복하면서 하나님을 향해 "나의 출생으로부터 지금까지 나를 기르신 하나님 나를 모든 환란에서 건지신 여호와의 사자"(창세기 48장 15~16절)라고 고백한다. 하나님께서 에벤에셀(하나님께서 여기까지 나를 인도하셨다) 되심과 여호와닛시(승리의 하나님)이심, 그리고 여호와이레(모든 것을 예비하고 인도하시는 하나님)이심을 고백한 것이다.

출애굽 이후의 이스라엘 백성들 역시 마찬가지다. 홍해와 요단강을 건너 가나안 땅에 들어가기까지 그들은 40년 동안이나 광야를 떠돌아다녀야 했다. 어쩌면 우리 인생도 마찬가지인지 모른다. 때로는 깊은 웅덩이가 있고, 때로는 건널 수 없는 홍해와 같이 막막한 장애물이 놓여 있을 수도 있다. 선대로부터 물려받은 것이란 오직 몸뚱어리 하나뿐이고, 일평생 가난을 업으로 삼고 살아갈 수도 있으며, 병약해서 아픈 몸으로 하루하루를 보내는 삶을 살 수도 있다. 다른 한편, 건강하고 부유한 삶을 살다 삶의 풍랑을 만나 급

전직하急轉直下로 떨어진 이후 초토화된 인생을 살아갈 수도 있다. 각자의 인생이 모두 다른 것 같지만 이스라엘 백성들이 광야에 간 것과 별로 다르지 않다.

그렇다면 우리가 광야와 같은 인생길을 가는 동안 가장 귀중하게 여겨야 할 것은 무엇인가? 광야를 헤쳐나가는 이스라엘 백성들의 삶을 통해 분명하게 확인할 수 있는 것은 하나님이 그들과 함께하신다는 놀라운 사실이었다. 낮에는 구름기둥으로, 밤에는 불기둥으로 그들과 함께하시는 하나님을 순간순간 체험하면서 약속의 땅까지 갈 힘을 얻었던 것이다. 이런 의미에서 만약 광야와 같은 인생길을 걸어가고 있다면 점집을 찾거나, 사주카페를 드나들거나, 오늘의 운세에 목을 매기보다 하나님과 항상 동행하고 있는가를 최우선으로 점검하는 것이 필요하지 않겠는가!

감리교의 창시자인 존 웨슬리는 임종을 앞두고 감격에 넘치는 목소리로 "하나님이 우리와 함께하시는 것이 세상에서 제일 좋은 일이다"라고 외쳤다. 이런 점에서 성경에 기록되어 있듯이 969세로 이 땅에서 제일 오래 산 므두셀라보다 비록 365년이라는 생애를 살았지만 하나님과 동행하는 사람으로 기록되어 있는 에녹의 삶이 더 부러운 삶으로 받아들여진다.

'만물을 지으시고 운행하시는 하나님께서 페이스메이커로 나와 함께하신다' 는 임재의식만 가지고 있다면 현재는 물론 다가올 미래도 두려울 것이 없지 않겠는가?

볼지어다 내가 세상 끝날까지 너희와 항상 함께 있으리라

마태복음 28장 20절

"우리의 삶 속에 항상 함께하시겠다고
약속해주신 임마누엘의 하나님!
삶 속에서 여러 가지 상황들을 만날 때마다
내 삶을 불꽃 같은 눈동자로 지키시며 인도하시는 하나님께
삶의 모든 무거운 짐들을 내려놓습니다.
나의 과거도 에벤에셀이 되셔서 인도해주신 하나님께서
지금 눈앞에 놓인 모든 현실적 과제도
여호와닛시로 승리케 해주실 줄 믿습니다.
모든 사람들이 불투명한 미래 앞에 염려하며 서 있지만
여호와이레의 하나님께서 나의 앞길을 지도해주시고
주님의 손으로 붙들고 가실 줄 믿으며 감사를 드립니다."

신앙
4

삶의 모든 부분이 찬양의 도구로 쓰이는가?

어린 시절 시골 교회에 '공포의 반복'이라는 별명을 가진 전도사님이 한 분 계셨다. 이 전도사님의 노래 실력은 절대음치 수준이었다. 그러나 이분은 자신에게 은혜가 되는 찬송이 있으면 집회 시간에 다섯 번이건, 열 번이건 반복해서 불렀다. 음정 무시, 박자 무시로 부르는 찬송을 반복적으로 듣는 것은 큰 고역이 아닐 수 없었다. 그런데 음악적인 소양이 부족한데도 불구하고 그분이 하는 찬송을 두 번, 세 번 계속해서 따라부르니 어느새 찬송가 가사가 제대로 이해되고 내 삶에 적용되는 것을 체험했다. 한번은 3절도 아니고, 5절로 구성된 「샘물과 같은 보혈은」이라는 찬송을 여러 번 반복해서 부른 적이 있었다.

그런데 "죄속함 받은 백성은 영생을 얻겠네……"로 시작되는 3절 가사를 부르는 도중에 하나님 나라에 대한 확신이 서게 되는 은혜를 체험했던 적이 있었다. 그 후로 그 전도사님의 '공포의 반복' 시간이 그렇게 지루하지 않았다. 한마디로 찬양의 위력을 깨달은 것이다.

찬양이 삶 속에 녹아들어 있을 때 하나님께서 베푸시는 기적을 맛본 신앙의 선배들을 많이 볼 수 있다. 사도행전 16장에 기록된 바울과 실라가 그 대표선수다. 그들은 옥에 갇힌 답답한 상황 속에서도 열심히 기도하고 하나님을 찬미했다. 그들의 찬양은 감옥의 터를 뒤흔들어놓았고 옥문이 열리도록 했으며, 갇힌 사람들의 수갑과 차꼬가 풀리는 기적을 일으켰다. 많은 사람들은 자신의 삶 속에는 왜 하나님께서 주시는 위로와 기적이 없는가라고 질문한다. 대답은 간단하다. 삶 속에서 하나님의 살아 계심과 진정한 위로를 체험하기 원한다면 찬양하라고 권하고 싶다.

같은 맥락에서 자신의 신앙 상태가 건강한지 아닌지를 스스로 점검할 수 있는 잣대로는 여러 가지가 있지만, 그중에 가장 중요한 것은 찬양이다. 찬송을 부를 때 지루하게 느껴지는지 아닌지를 살펴보면 알 수 있다. 그래서 영적 공동체의 정식 구성원으로 받아들여지는 상징적인 중요 예식인 세례를 받을 때 "인생의 제일가는 목적이 무엇인가?"라는 질문을 받게 되는 것이다. 대답은 "하나님을 영화롭게 하는 것"이다. 하나님께서 자신의 형상으로 사람을 만드신 가장 중요한 목적은 창조주 하나님의 걸작품인 우리들을 통해서 찬양받기 위함이다. 비록 죄 때문에 더럽혀진 걸작품일지라도 이 목적은 동일하다. 그러므로 우리는 하나님의 창조 목적에 따라 하나님을 찬송하기 위해 존재한다고 해야 옳다.

그런데 일반적으로 우리의 머릿속에 입력되어 있는 찬양에 대한 고정관념은, 찬양은 노래를 잘하는 사람이 해야 한다는 생각이다. 그래서 음악을 잘 이해하지 못하는 이들은 찬양시간에 주눅이 드는 경우가 많고, 목소리도 기어들어가기 일쑤다. 물론 훌륭한 음악적 소양이 있어 풍부한 성량과 윤기 나는 목소리로 찬양을 하는 것이 거칠고 음정과 박자도 제멋대로인 찬양보다 훨씬 나은 것은 틀림없는 사실이다. 그러나 진정한 의미에서 그리스도를 높여드리는 것이 아니라면 제아무리 훌륭한 음악이라 해도 그것을 찬양이라고 일컫기는 어렵다.

한센병을 앓고 있는 분들이 모여 있는 소록도의 교회에서 예배를 드린 적이 있다. 신체적으로 불완전하기 때문에 완벽한 화성을 이루어 찬양을 드리지는 못하지만, 그분들의 찬양을 들으면서 천상의 찬양 소리가 이런 것이 아닐까 하는 경험을 했던 적이 있다. 부족함과 불완전함 가운데서도 그분들은 "주님의 보좌 있는데 / 천한 몸 이르러 / 그 영광 몸소 뵈올 때 / 내 기쁨 넘치리 / 내 기쁨 넘치리"라고 희열에 넘쳐 찬송을 했다. 또 그분들은 "내 평생 소원 이것뿐 / 주의 일 하다가 / 이 세상 이별하는 날 / 주 앞에 가리라"라고 찬송했다. 그분들의 삶이 묻어나는 찬양을 들으면서 온몸의 전율을 느낄 수밖에 없었다. 음악적으로는 엉성하지만 하나님을 높이는 찬양의 본질에 온 마음을 집중하는 그들의 자세에서 바른 찬양이 무엇이고, 찬양의 힘이 어느 정도인지를 알 수 있었다. 종교개혁의 불길을 지폈던 마르틴 루터는 "우리 마음이 말씀에 잠기지 못하고, 마음껏 찬송할 수 없는 한 종교개혁은 결코 종결되지 않는다"라고 말했다.

이렇게 찬양의 본질을 이해한다면, 찬양을 다른 차원에서 이해하고 우리의 삶 속에 적용할 수 있다. 사실 성경 전체를 살펴보면 찬양을 단지 노래나 음악으로만 이해하고 있지 않다는 것을 여러 곳에서 발견할 수 있다. 실례로 사도 요한이 기록한 요한계시록 5장 13절에는, "내가 또 들으니 하늘 위에와 땅 위에와 땅 아래와 바다 위에와 또 그 가운데 모든 피조물이 이르되 보좌에 앉으신 이와 어린 양에게 찬송과 존귀와 영광과 권능을 세세토록 돌릴지어다"라고 되어 있다.

만물들이 찬송을 한다는 의미가 꼭 오선지에 그려진 음표에 맞게 부르거나 연주한 찬양이라고 말할 수는 없다. 이런 의미에서 노래하는 데 있어서 은사가 부족하고 음악적으로 문외한이라 할지라도 얼마든지 하나님께 찬양을 드릴 수 있으며, 마땅히 찬양 드리는 삶을 살아야 함을 확인할 수 있다. 즉 구원의 감격을 체험한 그리스도인이 되었다면 노래로 드리는 입술의 찬양도 최선을 다해 하나님께 드려야 하지만, 동시에 그 삶 자체가 하나님을 영화롭게 하는 찬양의 삶이 되도록 해야 하는 것이다. 이런 의미에서 찬양이야말로 노래로든, 삶으로든 하나님을 높이는 것으로 이해할 때 찬송이 삶 속에 자연스럽게 밸 것이다. 때문에 이것은 그리스도인으로서 늘 점검해야 할 요소이기도 하다. 또한 우리 삶의 모든 부분이 찬양의 도구가 되어야 하는 것이다. 인생의 여정 가운데 가장 왕성한 열정과 책임과 고민을 모두 짊어지고 있는 아름다운 30대여! 온 일상의 영역에 찬양이 깃들인 삶을 살면 어떨까?

역동적인 영적 공동체 안에는 역동적인 찬양이 있다. 역동적인 삶을 살아가는 사람의 내면에는 하나님께 영광 돌리겠다는 역동적인 찬양의 삶이 있다고 해도 틀린 말이 아닐 것이다. 홀로 높으시며 모든 만물의 영광을 받으시기에 가장 합당한 하나님께 우리 생명의 호흡을 다해 찬양을 드려보자. 그리하여 하나님의 영광이 도대체 어떤 것인가를 먼저 체험하고, 더 나아가 이를 세상에 드러내보자.

이 백성은 내가 나를 위하여 지었나니 나를 찬송하게 하려 함이니라

이사야 43장 21절

"만물이 드리는 모든 찬양을 받기에
합당하신 하나님 아버지!
하나님께 찬양 드리는 것이 짐이 아니라
항상 기쁨이 되는 은혜의 사람이 되기를 소원합니다.
입술의 노래로 드리는 찬양만이 아니라 내 의와 정직함으로
하나님 앞에 서기에 합당하게 살아서
삶의 모든 부분이 하나님께 영광을 올려드리는
찬양의 도구가 되게 하옵소서."

신앙 5

응답이 아니어도 좋은 기도의 이유

"10년 고민하는 것보다 10분 기도하는 것이 더 낫다."

집회 초청을 받아 도착한 한 교회 예배당의 전면에 붙어 있던 표어다. 예배당 문을 열고 들어가는 순간, 그 표어를 보고 전율이 느껴졌다. 나 역시 기도의 중요성을 익히 아는 터이지만, 이 문장은 함축적으로 기도의 필요성과 중요함을 느끼게 하기에는 충분했다.

하나님의 임재와 은혜를 경험하고 영성의 깊이를 더하기 위해서는 기도만큼 중요한 것이 있으랴마는, 기도생활은 그리 녹록한 일이 아니다. 그럼에도 하나님의 사람인 우리 그리스도인에게 한 가닥 생명선이 있다면 그것은 다름 아닌 기도다. 그래서 '기도는 영혼의 호흡'이라는 정의는 적절하다. 살아 있는 사람이라면 누구나 한꺼번에 숨을 몰아쉬고는 그 상태에서 가만히 있지 않는다. 반복적으로 숨을 들이쉬고 내쉬는 것을 호흡이라고 한다. 이런 점에서 사도 바울은 우리에게 데살로니가전서 5장 17절의 "쉬지 말고 기도하라"는 말씀을 통해 단도직입적으로 권면한다.

같은 맥락에서 잭 헤이포드Jack Hayford 목사는 "예수 그리스도의 제자에게 기도란 하나님과 인격적인 대화를 나누는 것을 뜻한다"고 하면서 "기도를 배우는 것은 곧 그리스도 앞에서 사는 방법을 배우는 것을 의미한다"고 밝혔다. 힘이 펄펄 나던 소년이 피곤해지고, 장정들이 넘어지는 기가 막힌 상황 속에서도 기도를 제대로 배울 때 "오직 여호와를 앙망하는 자는 새 힘을 얻으리니 독수리가 날개치며 올라감 같을 것이요 달음박질하여도 곤비하지 아니하겠고 걸어가도 피곤하지 아니하리로다"(이사야 40장 31절)는 하나님의 말씀이 삶 속에서 현실적으로 드러나고, 더욱 깊은 차원의 기도를 하나님께 드릴 수 있게 된다.

생명선과 호흡이라는 측면에서 '언제 어디서나 기도하라'는 말은 분명히 우리를 향한 하나님의 자비로운 요청이다. 그러나 바쁜 일상 속에서, 특별히 집이라도 넓다면 좋겠지만 그렇지 못한 상황에서 자신만의 기도실을 만든다는 것은 언감생심인 경우가 대부분이다. 항상 기도해야 한다는 말이야 맞지만, 우리가 살아가는 공간이 더욱 좁아지고 시간을 따로 마련하기가 점점 어려워지고 있다. 이런 상황 속에서 기도하기 위한 골방과 기도 시간을 확보한다는 것은 엄두가 나지 않을 수도 있다.

그러나 가만히 생각해보면 방법이 전혀 없는 것은 아니다. 하루 중에 혼자만 있는 공간이 어디인지 한번 생각해보라. 자고 일어나는 방일 수 있고, 혹은 화장실도 좋은 공간이다. 화장실에서 무슨 기도냐고 말할 수도 있겠지만, 우리의 기도가 장소에 구애받지는 않을 것이다. 성경이 "쉬지 말고 기도하라"고 요청했으므로 하나님께서 우리의 기도를 받으시리라 확신한다. 신문이나 잡지를 보면서 교양이나 시사적인 지식을 쌓는 것도 좋지만, 말씀을 묵상하면서 하나님께 기도하는 시간을 갖는다면 아무리 바빠도 영적인 호흡을 놓치지 않을 수 있다. 또한 자가용으로 출퇴근하는 나홀로족들에게는 차 안이 더없이 좋은 기도의 골방이 될 것이다. 찬양을 틀어놓고 함께 따라부르면서 곡조 있는 기도를 드린다든지, 눈은 뜨고 있지만 하나님께 간구하는 마음을 가지고 효율적으로 기도할 수도 있다. 즉 기도하기로 결단한다면 아무리 바빠도 기도할 수 있고, 또한 바쁠수록 더욱 기도하게 되는 것이다.

사실 기도를 하는 시간이나 공간은 당면한 상황에 따라 천차만별일 수 있다. 그러나 중요한 것은 '날마다 일정한' 시간을 정해놓고 기도함으로써 하나님과의 영적인 관계를 끊지 않는 것이다. 두 손을 모으고 머리를 숙이며, 무릎을 꿇는 순간 우리는 하나님 앞에서 겸손해질 수 있다. 그리고 겸손해지면 나에게 당면한 모든 일을 기도로 승화시킬 수 있다. 그래서 사도 바울은 "아무 것도 염려하지 말고 다만 모든 일에 기도와 간구로, 너희 구할 것을 감사함으로 하나님께 아뢰라"고 권면하는 것이다. 이런 점에서 우리가 고민하는 모든 것이 기도의 제목이 될 수 있다.

한편으로 성경이 요구하는 기도의 의미는 우리의 자존심을 꺾을 것을 요청하고, 절대적으로 하나님을 신뢰하도록 강조하고 있기에 유의할 필요가 있다. 즉, "내가 나의 마음에 죄악을 품었더라면 주께서 듣지 아니하시리라"(시편 66편 18절)는 다윗의 고백에서 알 수 있듯이, 하나님 앞에서 얼마나 죄인인가를 고백하기보다 단순히 이기적 욕망을 채우기 위해 기도를 활용한다는 것은 용납될 수 없다. 결국 기도는 모든 것을 아뢰기 원하시는 하나님 앞에 그의 자녀들이 자신의 깊은 내면까지도 드러내는 것이다. 그것은 자신의 신앙이 좋다는 의미로 하나님 앞에 나가는 것이 아니라, "하나님! 도와주십시오. 하나님 외에는 저의 이런 상황을 해결할 분이 없습니다"라는 말 외에 아무 말도 할 수 없는 상태임을 인정하는 것이다.

그런데 가만히 보면 신앙생활을 하는 가운데 우리들의 이기심을 채우고 자존심을 세우기 위해 기도를 활용하는 어리석은 경우를 종종 보게 된다. 오래전에 산기도를 자주 가시는 어느 집사님이 산에서 기도를 하고 있는데, 옆에서 "하나님, 우리 아들 군대 가지 않고 계속 공부할 수 있도록 길을 열어주십시오"라고 기도하는 소리를 듣고는 그냥 산에서 내려왔다고 한다. 그분 말씀에 따르면, 자기 아들은 군대 안 가도 되고, 다른 집 자식들은 전방에 가서 어떻게 고생하든 상관이 없다는 식의 이기적인 기도를 하는 것을 보고 한마디 해줘야겠다는 생각이 머릿속을 계속 맴돌아 제대로 기도도 못하고 내려왔다는 것이다. 옆에서 기도하던 사람에게 무슨 속 깊은 뜻이 있었는지는 모르겠지만 너무나 이기적인 기도라 여겨진다. 누구든 하나님 나라의 전체성을 바라보지 못하면 이기적인 기도를 할 수밖에 없다.

다른 한편 "내가 기도했더니 이러저러한 일이 해결되었다. 당신은 왜 기도를 안 하는가?"라는 말로 하나님께서 주신 은혜를 자신의 능력으로 얻은 전리품인 양 자랑하는 경우도 있다. 그러나 기도란 모름지기 다른 사람에게 자랑거리가 되어서는 안 된다. 기도하는 사람이 생색을 내라고 하나님께서 기도 응답을 주시는 것은 결코 아니다. "이것은 내 힘으로 할 수 있는 것이 아닙니다'라는 고백이 바로 기도이고, 그렇게 해서 주어지는 것이 하나님의 응답인 것이다. 즉, 그리스도인은 세상의 힘으로 사는 존재가 아니며, 하나님이 이 세상을 쥐고 계신 주권자이심을 확실히 알리고자 하는 그분의 표현이 곧 기도의 응답인 것이다. 그러므로 기도의 응답을 받았다고 해서 다른 사람의 기를 죽이는 일은 있어서는 안 된다.

이런 점에서 영적 성숙을 갈망한다면 하나님께 기도를 드리면서 자신의 이기심과 욕심을 어떻게 제거할 수 있는지, 또 기도 시간마다 얼마나 하나님을 전적으로 신뢰하면서 하나님만의 특권인 간섭의 역사를 기대하는지를 항상 점검해야 한다. 예수님은 "너희가 내 안에 거하고 내 말이 너희 안에 거하면 무엇이든지 원하는 대로 구하라 그리하면 이루리라"(요한복음 15장 7절)는 말씀을 통해 기도하기 전에 기도자가 먼저 주님 안에 거하고 주님의 말씀이 기도자 안에 거해야 한다는 전제조건을 제시하셨다.

영적 성숙을 지향한다면 하나님과 가장 친밀하게 보낼 수 있는 기도를 게을리 하지 말아야 한다. 그리고 주님의 뜻에 따라 기도해야 한다는 것도 잊지 말아야 할 조항이다. 만약 주변 사람들에게 좋은 영향력을 끼치기 원한다면 주변 사람들을 위해 먼저 기도해야 한다. 또 자신이 하는 일을 통해 하나님의 나라가 넓혀지기를 원하고 하나님의 이름이 높임 받기를 원한다면 먼저 기도부터 해야 한다는 것은 두말할 나위가 없다. 그러므로 아침에 깨어났을 때부터 잠자리에 들 때까지의 모든 일상이 기도에 근거한 시간으로 이어지도록 해야 하며, 무슨 일을 만나든지 하나님께서 우리의 기도를 듣기 원하신다는 점을 인식하면서 살아가야 한다.

그러므로 어떤 일을 할 때 "어디서 이 일을 하면 능률이 오를 것인가?"를 자연스럽게 생각하는 것처럼, 하나님과 개인적으로 만나 하나님의 음성을 잘 들을 수 있고 자신의 이야기를 효과적으로 전달할 수 있는 기도 공간을 확보하기 위해 노력해야 한다. 그래서 "주 예수께 조용히 나가 / 네 마음을 쏟았노라 / 늘 은밀히 보시는 주님 / 큰 은혜를 베푸시리"라는 후렴을 가진 「너 예수께 조용히 나가」라는 찬송가의 가사는 부를 때마다 은혜가 된다.

너희가 내 이름으로 무엇을 구하든지 내가 행하리니 이는 아버지로 하여금 아들로 말미암아 영광을 받으시게 하려 함이라

요한복음 14장 13절

"나를 지으시고 나의 모든 것을 아시는 하나님!

마음과 생명을 다해 주님 앞에 나아갈 때마다 거절하지 않으시고
친밀함을 회복시켜주겠다고 약속하신 주님을 찬양합니다.
그러나 하나님 앞에 나아가기보다는
늘 나의 얄팍한 경험과 지식으로 모든 일을 바라보고 처리하는
저를 불쌍히 여겨주옵소서.
예수님의 이름으로 구하면 무엇이든지 이루어주실 것이라는
주님의 말씀을 의지하고 순간순간 주님께 나아가는
영적인 호흡에 익숙하기를 소원하오니 붙잡아주옵소서."

| 2장 |

사람들과의 관계가 너무 어렵다면

prayers for relationship

나는 소중하지만 자기중심적인 남은 참을 수 없다?

눈을 부릅뜨고 독해지면 잘 살 수 있을까?

내 이야기를 끝까지 경청해 주는 친구가 있는가?

나쁜 상사 때문에 너무 힘들어질 때

직장 동료들이 경쟁자처럼 느껴진다면

나는 아랫사람들이 신뢰하는 사람인가?

relationship

사람이 나를 지치고 힘들게 할 때 상처받고
싶지 않습니다. 관계에서 일어나는 문제를
나 중심적인 감정으로 받아들이면서
아파하기보다 객관적 시각으로 이해하고
상대방과 진심을 나눌 수 있기를 원합니다.

관계 1

나는 소중하지만 자기중심적인 남은 참을 수 없다?

"2000년대 들어 하루 평균 400여 가구씩 1인 가구가 생기고 있다. 2008년까지 5가구 중 1가구가 나 홀로가구였고, 2030년에는 1인 가구가 471만 가구(23.7퍼센트)가 될 전망된다." 이 글은 통계청이 발표한 「2008년 한국사회지표」에 등장한 한국인의 자화상이다. 통계청 조사에 따르면 1995년 164만 가구였던 1인 가구는 2007년에는 330만 가구로 늘어났다. 12년 동안 두 배 이상 증가한 것이다.

그래서일까? 부동산업계에서도 작은 평수의 집을 선호하는 경향이 크다고 한다. 여기에 더하여 사전에 등록된 말은 아니지만 사회를 풍자하는 말 중에 개전제품個電製品이라는 새롭고 독특한 말도 생겨났다. TV, 냉장고, 세탁기, 청소기 등과 같은 가전제품들의 경우 사람들이 대형을 선호하는 것 같지만, 한편으로는 한 사람이 사용하기 알맞게 앙증맞은 크기와 형태의 물건들이 쏟아져나오기 때문이다. 원룸에서 혼자 사는 사람들의 생활에 적절한 기기들이 인기를 얻고 있는 것이다. 식당도 다른 사람들의 눈치를 보지 않고 혼자 먹을 수 있는 1인 칸막이 식당까지 등장하고 있다.

사람들의 삶이 상호 교류에서 벗어나 점점 개별화되어가는 경향이 늘어나는 게 현실이다. 생활방식이 이렇다보니 사람들의 의식도 점차 개인주의화되어간다. 옛 이야기가 되어버렸지만, 1980년대 서울의 봄을 경험했던 386세대들에게는 '함께'라는 단어가 아주 익숙한 말이었다. 각각의 성향에 따라 개인주의적인 양상을 보이는 학생들도 있었지만, 당시는 함께 뛰어야 하고 함께 성취해야 할 목표가 있었다. 386세대가 이런 태도를 보인 것은 다른 어느 때보다 사회적으로 어두운 터널을 지나던 시기였기 때문이다. 그러나 대학 캠퍼스에서도 386세대의 입장을 어느 정도 받아들인 예비역세대들이 점점 사라지면서 이제 '함께'라는 구호는 무색해지고 있다.

사실 오랜 세월 동안 많은 사람들이 집단주의에 매몰되어 있었기에, 어떤 의미에서는 개인에 대한 자기 정체성 확인 작업이 더욱 필요했으리라는 생각도 든다. 그러나 문제는 개인의 정체성 확인이 도를 지나쳐 모든 것을 자기중심적으로만 이해하고, 자기 안위를 위해 객관적이고 사회적인 것을 파편화시키는 경향이 시대 조류로 자리 잡고 있다는 것이다. 게다가 이것이 여러 공동체에 영향을 끼치고 있다. 실례로 '피그말리온 효과'까지 나타나는 경향도 보인다. 그리스 신화 속에 나오는 피그말리온Pygmalion은 자기가 만든 조각상에 반한 한 조각가의 이름이다. 자신이 내면적으로 바라는 것과 객관적 현실을 일치시키려는 행동을 하는 것을 '피그말리온 효과'라고 한다.

'피그말리온 효과'에 물든 사람에게서 공동체의 성숙이나 발전을 기대하기란 매우 어렵다. 사실 자기중심적인 타인에 대해서는 참지 못하면서 자신이 얼마나 자기 환상에 빠져 있는가를 제대로 인지하지 못하는 이들을 만날 때마다 황당함을 많이 느낀다. 피그말리온처럼 자기가 만든 조각상과의 사랑을 실현하기 위해 주위를 돌아보지 못하는 사람들로 인해 공동체가 붕괴되는 상황은 상상만 해도 끔찍한 일이다.

적은 수의 사람들이 옹기종기 모여 작은 공동체를 이루었던 옛날에는 이웃들과 어울리며 정보를 함께 공유했었다. 때문에 공동체 전체가 힘을 모아야 할 상황이 생겼을 때에는 큰 힘을 들이지 않고 상황에 대처할 수 있었다. 그러나 점점 도시화가 촉진되면서 이제 공동체의식의 기반이 되었던 많은 부분들이 거의 사라져버렸다. 이런 상황에서 그리스도인들이 바람직한 관계를 형성하기 위해 염두에 두어야 할 것은 개인주의를 뛰어넘어 닫힌 마음을 열기 위해 노력해야 한다는 것이다. 점점 공동체의 구심력이 약화되고 관계의 사막화 현상이 커져가며, 서로 연결된 끈이 끊어진 공동체

현상을 타개하기 위해 타자중심적 의식을 지닌 그리스도인이 더욱 늘어나야 한다.

사도행전에 나타나는 초대교회 공동체를 보면 당시 교회가 부흥할 수밖에 없었던 중요한 단서가 포착된다. 초대교회 공동체에 몸담았던 이들은 철저히 개인주의를 뛰어넘는 열린 마음의 소유자였다. 그들은 사도의 가르침을 받았을 뿐만 아니라, 서로 교제하며 기도에 힘썼다고 한다. 또한 모든 물건을 공유했고, 재산과 소유물을 팔아 필요에 따라 나누어주었다고 한다. 이런 삶이 다른 이들에게 소문이 나면서 훌륭한 공동체라는 칭찬을 받았고, 그 결과 주님께서 구원받을 사람을 날마다 더해주셨다고 증언한다. 움켜쥐는 자기중심적 삶에서 벗어나 나눔과 섬김을 실천함으로써 부흥하는 기쁨을 맛볼 수 있었던 것이다.

삶의 과정 속에서 개인주의자로 살기도 어렵고, 힘겨운 세상에서 타자중심적으로 산다는 것 역시 잘 받아들여지지 않는다. 그러나 하나님께서 돈을 많이 벌게 해주시거나 어떤 분야에 대한 지식을 많이 쌓게 해주셨을 때, 이는 자기만을 위해 사용하라고 주신 것이 아니라는 사실을 기억할 필요가 있다. 그러므로 조금이라도 더 가졌다면 반드시 섬김과 나눔을 위해 사용하는 것이 그리스도인의 본분이다. 아름다운 관계 형성을 추구한다면 찰스 디킨스의 "다른 사람의 짐을 가볍게 해주는 사람이 이 세상에서 필요한 존재다"라는 말을 다시 한 번 음미할 필요가 있다.

날마다 마음을 같이하여 성전에 모이기를 힘쓰고 집에서 떡을 떼며 기쁨과 순전한 마음으로 음식을 먹고 하나님을 찬미하며 또 온 백성에게 칭송을 받으니 주께서 구원 받는 사람을 날마다 더하게 하시니라

사도행전 2장 46~47절

"항상 우리를 안아주시는 하나님 아버지!
이 시간 자기 자신만을 위해 행동함으로써
여러 가지 분란의 원인을 제공하는 저희를
용서해주시기를 간구합니다.
하나님께서 넓은 품으로 저희를 용납하시는 것을 기억하며,
주변의 형제자매를 위해 닫힌 마음을 활짝 열게 하여주옵소서.
우리의 열린 마음을 통해 모든 관계가 회복되어
천국을 미리 맛보는 일상이 되게 하옵소서."

관계 2

눈을 부릅뜨고 독해지면 잘 살 수 있을까?

"우리 며느리는 왜 시금치나물을 안 먹지?"

"그 이유를 아직도 몰라?"

"잘 모르겠는데……."

"순진하기는……. '시'자가 들어가니까 안 먹지. 암튼 요즘 젊은 것들은 도무지 믿을 수가 없어."

50대 후반의 여성들이 찜질방에서 나누었던 이야기다. 세상살이가 갈등의 연속이기는 하지만, 결혼을 한 30대들에게 가장 견디기 힘든 것을 하나 꼽으라면 단연 고부간의 갈등이라고 할 것이다. 그래서 어느 신문의 칼럼니스트는 영원히 풀 수 없는 난마亂麻와 같이 얽힌 관계들 가운데 한 가지가 시어머니와 며느리의 관계라고 한다. 그러나 풀 수 없을 것 같은 관계가 어디 고부간의 문제뿐이겠는가?

서로의 입장만 주장하는 부모와 자녀, 등을 돌려버린 남편과 아내, 서로 이해할 수 없다는 표정의 형제와 자매, 사용주와 입장 차이가 큰 노조, 상사와 부하직원, 지역 갈등과 이것을 절묘하게 이용하는 여야 정치인들, 남과 북, 이스라엘과 팔레스타인, 증오로 번지는 전쟁 등 우리 개인이 속한 가정과 공동체뿐만 아니라 전 세계가 갈등에 휩싸여 있다고 해도 과언이 아니다. 말 그대로 삶 자체가 갈등덩어리인 셈이다. 그런데 더 큰 문제는 갈등이 있다는 사실이 아니라 갈등을 회피하거나, 갈등에 대해 공격적인 자세를 취해 문제를 더욱 악화시킨다는 점이다.

거창하게 생각할 필요 없이 통상적으로 남의 일에 참견하기 좋아하고, 입바른 말 잘하며, 뒤에서 수군거리기 좋아하는 이들을 가리켜 트러블메이커trouble maker라고 한다. 사실 어느 공동체에나 이런 사람들은 있게 마련이다. 그러나 문제는 이런 사람들의 악취미가 재미로 끝나면 좋겠지만, 공동체 전체를 와해시킬 정도의 파급 효과를 미치는 경우가 다반사라는 데 있다. 특히 세상을 흑과 백의 정서로만 이해하여 편 가르기에 익숙한 사람이 공동체 내부에 있다면 더더욱 문제다. 모든 것이 얽히고설켜 있는 복합적인 전체 구조를 읽어내지 못한 채 편협한 마음으로 사람들을 대하다보니, 개개인의 다름을 인정해야 하는데도 다양성을 수용하려 들지 않는다. 이러다 보니 큰소리가 나고 급기야는 서로 깊은 상처를 입게 되는 것이다.

한때 우리 사회에 '관용'을 뜻하는 '똘레랑스'라는 불어가 유행했던 적이 있다. 이 단어는 '견디다, 참다'를 뜻하는 라틴어 톨레라레*tolerare*에서 나온 프랑스어다. 영어로는 'tolerance'로 관용, 아량, 인내를 뜻한다. 어쩌면 우리의 가정, 내가 속해 있는 공동체에서 우리에게 가장 부족한 성품 중 하나는 이 단어일 것이다. 사소한 일을 견디지 못하고 울컥 치밀어오르는 것을 누르지 못하기 때문에, 또한 순간적으로 머릿속에 들어온 나쁜 생각들을 이기지 못하기 때문에 공동체 자체가 풍비박산되고 마는 것은 아닌지! 이런 의미에서 트러블메이커가 아니라 피스메이커가 되기 위해 '좀 더 참자. 좀 더 바보가 되자'는 결심을 굳게 다져볼 필요가 있다.

사도 바울은 "할 수 있거든 너희로서는 모든 사람과 더불어 화평하라"(로마서 12장 18절)고 권면한다. 한마디로 '화해자peacemaker'가 되라는 것이다. 사실 악을 행한 사람들과 화평을 도모하거나 갈등을 일으킨 원인자들과 사랑을 이야기한다는 것은 쉽지 않다. 직장에서 불공평한 대우를 받거나, 내 자녀가 다른 아이에게 두들겨 맞고 들어오면 아무리 '화평하라'는 말씀이 머릿속에 박혀 있다 해도 순간적으로 화가 치밀지 않는 사람은 없을 것이다. 어떤 경우에는 복수를 결심하기도 하고, 혼내주는 방안을 생각하면서 실행에 옮기는 이가 우리들일 수도 있다.

그러나 복은 삶 속에서 평화를 추구하는 사람에게 주어지는 것이라고 성경에서 분명하게 말하고 있다. 구약성경 속에서 믿음의 가문을 일으킨 사람들 중의 한 사람인 이삭의 삶은 그 사실을 여실히 증명해준다. 창세기 26장을 보면, 이삭은 블레셋 사람들과 그랄 사람들이 소유권을 주장할 때 자기 권리를 주장하거나 다투지 않고 두말없이 스스로 밀려났다. 우리 시각으로 보면 바보 같은 짓으로 여겨지지만, 이삭의 이런 행동이 하나님께서 복을 주시는 이유였다.

냉정한 경쟁 사회 속에서 지금보다 더 독해져야 잘 살 수 있다고 세상은 채근한다. 그러다 보니 '보통' 독해야 하는 것이 아니라 '지독해야' 잘 살 수 있다는 것을 자연스럽게 체득하게 되고, 실제로도 그렇게 산다. 사람들은 눈앞의 것이 조금이라도 손상되거나 피해를 보면 도저히 참지 못한다. 여기서 우리가 깊이 묵상하고 점검해야 할 부분은, 평화를 일구는 사람에게 복이 있고 하나님의 아들이라 일컬음을 받을 것이라는 예수님의 말씀이다. 살벌하게 눈을 부릅뜨고 타인에게 이간질이라도 해야 잘 살 수 있는 세상이지만, 예수님께서는 하나님과 우리의 관계를, 또 이 땅에서 우리와 함께 사는 이들의 관계를 화평케 하시기 위해 십자가를 지셨음을 기억하자.

화평하게 하는 자는 복이 있나니 그들이 하나님의 아들이라 일컬음을 받을 것임이요

마태복음 5장 9절

"하나 됨의 모범을 보여주시는
삼위일체 하나님!
용납받기만을 원하는 좁은 마음의 저를 용서하여 주옵소서.
모든 것을 하나 되게 하신 십자가의 사랑을 기억하며,
이해받고 사랑받기보다는 평화의 도구가 되어 공동체를
더욱 성숙하게 만드는 피스메이커가 되기를 소원합니다.
분열된 모든 것을 하나 되게 하신 주님의 십자가를 바라보며
제가 있는 바로 그곳이 화목의 현장이 되게 하옵소서."

관계 3

내 이야기를 끝까지 경청해주는 친구가 있는가?

어릴 때부터 존경하는 교회 선생님에게 귀가 닳도록 "마음 맞는 친구 세 사람만 모이면 나라도 세운다"는 말을 듣곤 했다. 친구 세 사람인지, 사람 셋인지 정확한 의미는 접어두고, 선생님의 말씀을 실천하기 위해 나는 항상 친구들과 사이좋게 지내려고 노력했다.

닐 왓슨과 스티브 허스트가 지은 『뛰어난 세일즈맨은 분명 따로 있다』 중에도 다음과 같은 말이 나온다.

> 친구를 사귀고 그들과 좋은 관계를 유지하라. 사람들이 보통 임종 때 후회하는 것은 끝내지 못한 일에 대한 아쉬움보다는 사람과 관계

를 맺는 것을 게을리 했다는 점이다.

정말 '친구'라는 주제만큼 다양하게 엮일 수 있는 주제가 있을까? 2001년 초에 개봉되어 한국 영화의 새로운 힘을 보여주었던 영화「친구」에 유명한 대사가 있다.

"됐다마. 친구끼리 미안하다 소리하는 거 아이다."

"상택아, 그라지 마라. 미안하다, 친구로서 이래 부끄러운 모습을 보이가꼬."

"아이다. 그런 말 하지 마라. 친구끼리 미안한 거 없다."

영화 중 등장인물 준석과 상택의 대사는 당시에 거칠 것 없는 남자들의 우정을 보여주는 시대의 아이콘으로 떠올랐다. 특정 지방의 사투리가 많았지만 한국 영화사에 한 획을 그은「친구」는 말 그대로 학창시절의 친구를 다시 떠올리도록 만들어 신드롬을 일으켰다. 까까머리 고등학생들이 신나게 달리던 부산 범일동 거리는 이후에 유명한 관광지가 되었다.

고달픈 인생사 속에서 마음의 짐을 훌훌 털어놓고 무슨 이야기나 할 수 있는 친구가 있다는 것은 분명 축복이다. 그러나 마음의 문을 활짝 열어젖히고, 나의 이야기를 진지하게 경청해주는 사람을 만나기란 쉽지 않다.

미국의 사회학자 데이비드 리스먼David Riesman이 1950년에 쓴

『고독한 군중*The Lonely Crowd*』이라는 책은 현대 산업사회에서 사람들이 느끼는 고립감을 예리하게 분석하고 있다. 그는 현대 대중사회에서 생활양식이 어떻게 변했나를 언급하면서, 사람은 어린 시절 부모나 성인 권력집단의 영향을 받아 '내부지향형inner-directed'이 되지만, 성장하면서 또래집단의 영향을 받는 '외부지향형other-directed'으로 발전하게 된다고 주장했다. 실제로 고도로 발전한 자본주의 사회가 형성되면서 친구나 직장 동료의 중요성은 아무리 강조해도 지나침이 없다. 그러나 정작 문제가 되는 것은 주변에 사람은 많지만 가슴을 열고 대화할 사람(친구)이 없다는 점이다. 특히 조금이라도 사람에 대해 피해의식이 있다면 상황은 더욱 심각하다. 사람은 나이가 들어갈수록 "세상에 믿을 사람 하나도 없다"라는 표현을 자주 한다. 분명한 것은 긴밀한 관계를 유지할 수 있는 친구 하나 없이 관계의 사막화를 경험하는 삶에서는 역동성을 찾아보기 어렵다. 실제로 미국의 듀크대학교 메디컬센터의 연구에 따르면, 위험한 수술을 받아야 하는 상황에서도 배우자와 친밀하고 친한 친구가 많은 사람은 그렇지 않은 사람에 비해 수술 후에 살아날 확률이 훨씬 높다고 한다.

누구나 친구와 함께 쌓은 아름다운 추억이 있게 마련이다. 생사를 넘어서는 친구와의 우정을 상징적으로 보여주는 다윗과 요나단의 관계까지는 아닐지라도, 대부분 성장 과정 속에서 말로 표현할 수 없을 정도로 끈끈한 우정을 쌓아 하루라도 만나지 않으면 열병이 도질 만큼 친한 친구 두서넛은 있었을 것이다. 그러나 학교를 졸업하고, 취직을 하면서부터 바쁜 일상의 족쇄가 모든 것을 앗아가버린다. 그래서 언제부터인가 가슴을 활짝 열고 진솔한 대화를 나눌 만한 친구들을 하나하나 잃어가는 자신을 발견하고 고독 속에 침잠해 있는 30대의 모습을 많이 보게 된다.

사실 나를 충분히 이해하고, 내 이야기를 끝까지 경청해주는 친구를 사회에서 만나기란 참으로 쉽지 않다. 그러나 분명한 것은 감나무 아래에서 감 떨어지기만을 기다리듯 가만히 앉아 있는다고 좋은 친구가 불쑥 나를 찾아오는 것은 아니다. 가슴을 열고 대화할 만큼 깊은 유대감을 가진 친구를 원한다면, 또 궂은 일이나 좋은 일을 겪을 때마다 언제라도 전화(대화)할 수 있는 친구를 옆에 두기를 원한다면, 적어도 한 번 이상은 먼저 마음의 문을 열고 자기 삶에 대해 진솔하게 토로하는 과정이 필요하다. 마음 빗장을 여는 노력이 반드시 선행되어야 하는 것이다.

어느 시인의 말처럼 살아간다는 것은 누군가와 동행한다는 의미로 받아들일 수 있다. 그런데 이왕이면 동행하는 이들과 마음을 터놓을 수 있고, 항상 그들에 대한 그리움을 안고 있으며, 같은 세상 안에서 호흡하고 있다는 사실을 즐겁게 여기며 산다면 얼마나 기쁘고 아름다운 삶인가! 비록 생활 형편 때문에 이곳저곳으로 이사를 다니더라도 언제든지 연락하면 목소리만 듣고도 나의 상황을 이해해주는 친구가 있다면 풍요로운 삶을 누리게 될 것이다.

한 학생이 "선생님, '인생 성공 단십백'이 뭔지 아세요?"라고 물었다. 선생님이 "모른다"고 답하자 학생이 다음과 같이 말했다고 한다. "한평생 살다가 죽을 때 한 명의 진정한 스승과 열 명의 진정한 친구, 그리고 백 권의 좋은 책을 기억할 수 있다면 성공한 삶이래요."

지금 나는 과연 성공적인 삶을 살고 있는지 돌아볼 일이다. 적게는 30세, 많게는 40세의 나이를 바라보는 상황에서 언제든지 이름을 부르고 달려가면 나를 반겨줄 친구가 몇 명인가? 언제든 마음을 열고 대화할 수 있는 진정한 친구가 몇 명인가?

만약 손으로 꼽아보았을 때 그 수가 너무 적다면 더 나이를 먹기 전에 노력해야 한다. 친구를 만들기 위해 노력하는 과정이라면 한 가지 더 참신한 제안을 하고 싶다. 언제 어느 곳에서나 영원하고 진정한 친구가 되어주기를 원하는 예수님을 만나보라고…….

이제부터는 너희를 종이라 하지 아니하리니 종은 주인이 하는 것을 알지 못함이라
너희를 친구라 하였노니 내가 내 아버지께 들은 것을 다 너희에게 알게 하였음이라

요한복음 15장 15절

"관계의 모범을 보여주신 주님!
저의 인생 여정 속에서 좋은 친구들을 만나기를 소원합니다.
그러나 무엇보다 관계의 사막지대 속에서
좋은 친구만을 찾는 것이 아니라,
먼저 저 자신이 주변 사람들에게
좋은 친구로 인정받을 수 있는 삶을 살게 하옵소서.
날마다 영원한 친구이신 주님을 알아가는 깊이가 더해감으로써
주변의 친구와 더욱 풍성한 교제와
나눔의 기쁨이 넘치게 하옵소서."

관계
4

나쁜 상사 때문에 너무 힘들어질 때

직장인들의 4분의 3 정도는 직장 문제가 아니라 직장 상사 때문에 회사를 떠난다고 한다. 직장에서 좋은 상사를 만난다는 것은 한 직장에 오래 다닐 수 있는 중요한 조건임에 틀림이 없다. 그래서 어떤 직장 상사가 좋은 상사인가에 대한 설문조사를 종종 볼 수 있다.

모 금융회사 블로그에서 '좋은 상사'와 '나쁜 상사'의 유형을 각각 7가지씩 대별하여 정리한 재미있는 글을 본 적이 있다. 먼저 '나쁜 상사'의 유형 7가지는 다음과 같다. 첫째로 예측 불가능형, 둘째로 해바라기형, 셋째로 무조건적인 호통형, 넷째로 술 강요하는 두주불사형, 다섯째로 무임승차형, 여섯째로 성과 가로채기형, 일곱째는 공사 무분별형이다.

한편 '좋은 상사'의 유형 7가지는 다음과 같다. 첫째로 뛰어난 실력에 인간미까지 갖춘 유형, 둘째로 문제 해결에 앞장서는 총대형, 셋째로 다정다감한 친구형, 넷째로 솔선수범형, 다섯째로 성과분배형, 여섯째로 언제나 변함없는 소신형, 일곱째로 공사분별형이다. 굳이 정리하자면 온화하고 합리적인 성향을 보이면서 적절하게 앞장서는 지도력을 가진 직장 상사를 선호한다는 것이다.

남녀를 막론하고 직장인이라면 최소한 하루의 절반 이상을 직장과 관련해서 생활한다. 자영업을 하는 30대가 아니라면, 이런저런 관계와 상하 관계 속에서 소위 샌드위치 상황에 놓여 있는 것이 30대의 현실이다. 이런 상황 속에서 '좋은 상사'의 캐릭터를 가진 상사만 있으면 좋겠지만, 우리가 놓여 있는 상황은 그리 녹록하지 않다. 주변 직장인들이나 동창들을 만나 직장생활에 관한 대화를 나누다보면, 시작이 어떠했든 마무리 즈음에 이르면 대부분 자신의 직장 상사에 대한 불편함을 토로하는 경우가 대부분이다. 열이면 여덟아홉이 직장 상사의 까다로움과 빡빡함, 그런 이유로 밀려오는 스트레스를 호소한다. 일을 하기는 하지만 "된통 걸렸다. 일을 해도 해도 끝이 없다. 내가 무슨 죄가 있는 것도 아닌데 잘 되면 자기 몫이고, 안 되면 아랫사람 탓이니 도저히 못 살겠다. 윗사람이 출장 떠나는 날은 내가 숨 한번 맘껏 쉬는 날이다. 목구멍이 포도청이니 그만둘 수도 없기에 무조건 밀어붙이는데도 억지로 눈치보며 하루하루를 버텨나간다"는 이야기를 할 수밖에 없는 입장이라면 정말 어려운 지경에 빠진 셈이다. 실제로 어떤 상사를 만나느

나에 따라 아랫사람들의 운명이 엇갈리는 것은 조직 생활에서 피할 수 없는 현상이다.

그렇다면 이 난관을 어떻게 극복할 것인가? 사실 직장 상사에 의한 스트레스를 어떻게 극복해야 하는지에 대한 정보는 사방에 널려 있다. 일에 대한 보람이 없고, 의욕 상실증을 극복할 수 있는 방안에 대해 전문가 뺨칠 정도로 훤히 꿰고 있는 사람도 많다. 새로운 정보가 홍수를 이루고 있기 때문에 몰라서 피하지 못하는 상황은 아니다. 그런데 왜 계속해서 윗사람과의 관계가 삐거덕거리고 직장생활은 계속 어려워지는 것일까?

아픈 이야기지만 문제의 해법은 '바로 나'에게 있다. 나에게 적합한 해결 방안을 찾지 못했기 때문이다. 그리스도인이라는 정체성을 가진 사람이라면 그리스도인에게 적합한 해법을 찾아야 한다. 일단 나를 힘들고 어렵게 만드는 까다로운 상사 때문에 문제가 심각할 때는 베드로전서 2장 18절을 보면 어느 정도 해결될 것이다. "주인들에게 순종하되 선하고 관용하는 자들에게만 아니라 또한 까다로운 자들에게도 그리하라"

융통성도 없고, 열심히 일해봐야 칭찬하고 격려하기보다 핀잔만 주는 상사 밑에서 일한다는 것은 쉽지 않다. 그래서 모든 것을 던져버리고 당장 때려치우고 싶은 생각이 하루에도 수십, 수백 번씩 들 수도 있다. 그러나 베드로 사도는 그런 상황일지라도 일단 인내하면서 순복하라고 권면한다. 또한 인내하며 순종해야 할 근거로 예수 그리스도께서 당하신 고난을 상기하라고 한다. 한마디로 윗

사람이 나를 힘들게 하고 곤경에 빠뜨릴 때 그리스도의 십자가를 기억하면서 모든 것을 참고 순종하라는 것이다.

물론 이 말씀에는 인내의 결과에 대한 구체적인 언급이 나타나 있지 않다. 그러나 분명한 것은 그리스도의 십자가를 기억하며 현실 속의 난관을 인내하며 헤쳐나가야 함은 성경의 분명한 권고다. 때때로 도저히 견딜 수 없는 상황이라면 그곳을 떠나는 것도 지혜로운 일이다. 그러나 직장 상사가 자신을 무능하고 이기적인 사람이라 판단하지 않도록 평소에 겸손한 마음과 성실한 태도로 대한다면, 아무리 모질고 까다로운 사람일지라도 결국 나를 인정할 수밖에 없을 것이다. 그러므로 문제 있는 직장 상사 때문에 직장생활이 힘겹더라도 내가 꾸준히 감사하는 마음을 갖고 성실하게 일한다면 상황은 얼마든지 바뀔 수 있다.

또한 부득이하게 이직을 하더라도 전 직장에서 감사하는 마음으로 성실하게 일한 것이 좋은 평판으로 이어져 다른 직장에 가더라도 긍정적인 요인으로 작용할 것이다. 스카우터나 인사 담당자들이 이직 시에 반드시 확인하는 것이 전 직장에서의 평판이기 때문이다. 이런 점에서 감옥 속에서도 윗사람으로부터 A⁺의 점수를 받았던 요셉은 좋은 모범이다.

사환들아 범사에 두려워함으로 주인들에게 순종하되 선하고 관용하는 자들에게만 아니라 또한 까다로운 자들에게도 그리하라 부당하게 고난을 받아도 하나님을 생각함으로 슬픔을 참으면 이는 아름다우나 죄가 있어 매를 맞고 참으면 무슨 칭찬이 있으리요 그러나 선을 행함으로 고난을 받고 참으면 이는 하나님 앞에 아름다우니라 이를 위하여 너희가 부르심을 받았으니 그리스도도 너희를 위하여 고난을 받으사 너희에게 본을 끼쳐 그 자취를 따라오게 하려 하셨느니라

베드로전서 2장 18~21절

"날마다 우리에게 좋은 것을
주기 원하시는 하나님 아버지!

지금 근무하는 직장에서
좋은 윗사람을 만날 수 있는 복을 허락해주옵소서.
그러나 대하기 어려운 까다로운 상사가 있을지라도
꾸준한 감사와 성실함으로 아름다운 관계를 가질 수 있는
은혜를 주옵소서. 어디를 가든지 상사들에게 좋은 평가를 받아
하나님께 영광 돌리는 삶이 되게 하옵소서."

관계 5

직장 동료들이 경쟁자처럼 느껴진다면

"상사나 동료와 대인관계를 맺는 것이 제일 어렵습니다."

2008년 3월에 취업 포털 커리어www.career.co.kr가 입사 1년 미만의 신입사원 994명을 대상으로 사회생활을 하면서 경험하는 가장 큰 어려움(복수 응답)이 무엇이냐고 묻는 질문에 1위를 한 대답이다.

결과에 의하면, 설문에 응답한 신입사원 93.3퍼센트는 사회생활에 어려움을 겪고 있다고 대답한 것으로 나타났다. 1위에 해당하는 응답을 한 신입사원의 수는 58퍼센트에 이르렀고, 그 다음으로 56.4퍼센트의 신입사원들은 '새로운 환경에 적응하는 것'이 어렵다고 응답했다. 따지고 보면 동료와의 관계도 어렵고, 환경 적응도 어려운 사람이 직장생활을 잘해나갈 가능성은 거의 없다.

직장인들의 근무시간은 세계에서 우리나라가 최고 수준이라는 것은 익히 알려진 사실이다. 2009년 3월 초에 잡코리아www.jobkorea.co.kr가 정규직 1,200여 명을 대상으로 설문조사를 한 결과, 우리나라 직장인들의 하루 평균 근무시간은 '10시간 6분'이었다. 직장인 5명 중 4명(78.6퍼센트)이 하루 평균 법정근로시간(1일 8시간)을 초과해 일을 하고 있는 것이다.

연령대별로는 40대 직장인들의 하루 평균 근무시간이 10시간 48분으로 가장 길었고, 뒤이어 50대 직장인은 10시간 30분, 30대 직장인은 10시간 12분으로 나타났다. 또 성별로는 남성 직장인의 하루 평균 근무시간이 10시간 18분으로 여성 직장인의 9시간 42분에 비해 36분 정도 더 길었다. OECD의 2008년 『고용전망보고서』에 의하면, 근무시간을 연간으로 따져보았을 때 2,261시간으로 2,000시간의 근무시간을 넘는 유일한 국가가 우리나라다. 하루 중 거의 절반을 직장에서 보내는 것이 우리나라 직장인들의 현실인 것이다.

'만인의 만인에 대한 경쟁'이 당연한 것으로 받아들여지는 무한 경쟁의 풍토 속에서 밟지 않으면 밟힌다는 공포가 사회적 분위기로 자리 잡은 지 이미 오래다. 그래서 동료에 대한 '관심'이나 '배려'라는 단어는 사전에만 있는 것이라 생각한다. 그래서일까? 새로운 세기에 들어 사람들이 자주 하는 말은 경쟁사회 속에서는 '튀어야 산다'는 것이다. 가게 하나를 차리더라도 일단 '상호가 튀어야 산다'는 미명 하에 희한한 이름들이 난무하고, 누구를 만나든 자신의 존재감을 부각시키는 데 혈안이 되어 있다. 과도한 입시 경쟁에 지친 10대를 거쳐, 제대로 된 직업을 찾지 못한 채 취업경쟁의 음울한 시기를 보낸 일명 '88만 원 세대'인 20대를 지나, 치열한 생존경쟁에 내몰린 30대에 이르면서 경쟁은 정점을 향해 치닫는 것이다. 즉 직장 내에서 동료는 관심과 배려의 대상이 아니라 그저 경쟁자일 따름이다.

이런 사회 분위기 속에서 대부분의 사람들은 서로에게 상처를 주고받고, 가슴속으로는 피눈물을 흘리며 살아간다. 일상생활 중 가족들보다 얼굴 맞대고 살아가는 시간이 가장 긴 직장 동료들끼리 이야기가 제일 잘 통한다는 말은 이미 옛말이 되었다. 그래서 사람들은 맨 정신으로 살아가기가 어렵다. 스트레스는 쌓일 대로 쌓이고, 가슴에 응어리진 것을 이야기할 수 있는 상대를 잃어버린 것이다. 직장 동료에게 무언가 할 말이 있거나 가슴속에서 울컥 올라오는 것을 토로하기 어려워지다보니 대부분 술로 마음을 달랜다. 그리고 맨 정신으로 도저히 말할 수 없었던 말을 상대에게 마구 쏟아낸다. 그러다 보니 술 마시는 양도 점점 늘어난다. 심성이 부드럽고 긍정적이기보다는 거칠어질 수밖에 없는 현실에 무릎을 꿇어야 하는 것이다.

정신의학자들의 말에 따르면 사람에게는 식욕과 성욕 같은 본능 외에도 심리적으로 본능에 가까운 또 다른 욕망이 있다고 한다. 그것은 뭔가를 탐색하고 확인을 거쳐 사람들로부터 '인정'을 받으려는 욕구다. 어느 시인은 세상에서 가장 고통스러운 것이 타인으로부터 자신이 잊히는 것이라고 말한 적이 있다. 그 누구에게도 인정받지 못하고 소외당하면서 하루하루를 살아야 하는 것만큼 끔찍한 일은 없을 것이다. 무한경쟁 속에서 승리자가 되기 위해 발버둥치고 자신의 존재감을 확인시키려고 하면 할수록 주위 사람에 대한 관심과 배려는 사라진다.

언제나 우월감을 가지고 생활해야 한다는 강박증에 시달리는 30대의 초상을 한번 상상해보라. 성경의 복음서를 보면 예수님이 사역을 하시던 현장에 함께했던 제자들도 서로를 이해하고 용납하기보다는 "우리 중에 누가 더 크냐"라는 다툼을 했던 것을 알 수 있다. 이때 예수님은 "누구든지 첫째가 되고자 하면 뭇사람의 끝이 되며 뭇사람을 섬기는 자가 되어야 하리라"(마가복음 9장 35절)는 아주 간명한 대답으로 그들의 다툼을 일축하셨다.

나이를 점점 먹어가면서 승진에 대한 욕심도 생기고, 다른 사람들에게 인정을 받고 싶어 하는 마음이 생기는 것은 당연한 일이다. 그러나 함께하는 사람들에 대한 배려와 관심 없이 그들의 가슴에 멍이 들건 말건 경쟁 상대로만 여기면서 살아가는 삶의 태도는 그리스도인으로서 가져야 할 자세가 아니다. 사도 바울은 이런 점에서 "모든 일을 원망과 시비가 없이 하라"고 우리에게 권면한다.

모든 사람들이 눈물주머니를 가슴에 안고 살아가는 현실 속에서, 그리스도인들은 항상 얼굴을 맞대고 생활하는 직장 동료들에게 어떤 태도를 지녀야 옳을까? 분명한 것은 나와 함께 일하는 사람들이 경쟁자만은 아니다. 그들은 함께 울고 웃는 동료들이다. 그리스도께서 나의 눈물을 닦아주셨듯이, 내가 그들의 눈물을 닦아주면서 관심과 배려의 태도를 취한다면 직장에서 어떤 일이 일어날까? 싱긋 한번 미소를 지어주었을 뿐인데 직장 동료의 기분이 좋아진다면 그보다 더 큰 배려와 관심은 없을 것이다. 내일 단 한 번이라도 동료들에게 싱긋 웃음을 보여주자.

그가 우리를 위하여 목숨을 버리셨으니 우리가 이로써 사랑을 알고 우리도 형제들을 위하여 목숨을 버리는 것이 마땅하니라

요한일서 3장 16절

"십자가에 매달려 죽으시기까지
연약한 우리에게 관심을 보여주셨던 주님!
무한경쟁의 현실 속에 내몰려 자기만을 드러내고 자랑하는
어리석은 자가 되지 않도록 붙잡아주옵소서.
주님으로부터 받은 사랑과 관심을 동료들에게
나누어주는 통로가 되어 예수 그리스도의 사랑이 무엇인지
동료들이 깨닫게 되기를 원합니다.
서로를 신뢰할 수 없는 어려운 현실 속에서
관심과 배려를 실천하는 저를 통해
같이 근무하는 동료들이 좀 더 서로를 이해하고
배려하게 되는 역사가 나타나게 하옵소서."

관계 6

나는 아랫사람들이 신뢰하는 사람인가?

어느 날 모 대학생 선교단체에서 여름 수련회를 준비하고 있는 대학 4학년의 형제와 자매가 인터뷰를 요청해서 만난 적이 있다. 이들은 수련회를 준비하면서 '교회의 새로움'을 중심 주제로 설정했고, 주제 토론을 위한 과제를 준비하기 위해 '교회의 새로움'과 관련한 사역을 하고 있는 분들을 인터뷰하고 있다고 자신들을 소개했다. 여러 가지 질문과 나름의 대답이 오고 갔는데, 그중에 형제가 했던 마지막 질문이 인터뷰 이후에도 머릿속을 떠나지 않았다.

"교회의 새로움을 위해서 우리 젊은이들이 할 수 있는 일이 무엇입니까?" 질문을 받는 순간, "제발 우리 후배들에게 교회 안에서 희망을 볼 수 있도록 선배들이 노력해주십시오"라는 무언의 요청을 하고 있는 듯한 느낌을 강하게 받았다.

"욕하면서 닮아간다"는 말이 있다. 아마 함께 일했던 상사의 부정적인 면을 암암리에 닮아가 자신이 반복하는 모습을 보고 소스라치게 놀라는 경우가 누구에게나 있을 것이다. 어쩌면 부정적인 이미지를 가졌던 선배를 '반면 거울'로 삼기로 굳게 다짐했지만, 실상은 그와 똑같은 모습으로 변해가는 자신의 모습이 안타까울 수도 있다. 또 예전에는 공동체 내에서 나이가 어렸던 자신에게 제일 어려웠던 일이 선배와의 관계라고 생각했는데, 따지고 보면 지금 자신도 아랫사람들에게 제일 힘들고 어려운 사람으로 자리 매겨져 있는 경우도 있을 것이다.

아무리 시대가 변해도 선배는 명령할 수밖에 없고, 후배는 선배의 이야기를 들을 수밖에 없는 관계가 변함없이 존재한다. 직장에서의 예를 들어보자. 아랫사람이 실수를 하거나 업무의 결과가 나쁘기 때문에 책망을 하는 것은 충분히 이해가 간다. 그러나 대다수의 직장인들이 직장상사들에 대한 불만을 토로하는 내용을 들어보면, 징계와 책망을 듣는 과정에서 당하는 비인격적인 대우에 관한 것이 많다. 특별히 내가 윗사람이기 때문에 당신을 좌지우지할 수 있다는 식의 이야기를 들으면 아무리 아랫사람이라도 피가 거꾸로 솟는다. 그러다가 어이없는 파국을 맞기도 한다.

그리스도인으로서 상하관계를 어떻게 맺을 것인가에 대해 사도 바울은 빌레몬서에서 아주 중요한 힌트를 주고 있다. 빌레몬과 오네시모라는 사람에게 문제가 생겼는데, 두 사람은 주인과 종의 관계다. 성경에 언급되어 있지 않기 때문에 이유를 정확하게 알 수는 없지만, 어느 날 종인 오네시모가 도망을 쳤다. 그러던 중에 바울을 만나서 말씀을 듣고 주님을 향한 믿음이 생겼다. 믿음의 아들이 된 것이다. 다른 한편 빌레몬도 이미 믿음생활을 하고 있었고, 바울은 빌레몬을 믿음의 아들이라 일컬었다. 두 사람 모두 신앙인이 되었지만, 주인의 수하에서 도망 나온 신분인 오네시모의 문제는 완전히 해결된 상태가 아니었다. 바울은 오네시모를 계속 자기 곁에 둘 수도 있었지만, 원래 주인이었던 빌레몬과의 문제가 깔끔하게 해결되지 않은 상황에서는 오네시모가 행복해질 수 없다는 것을 간파하고 오네시모를 빌레몬에게 돌려보낸다. 이때 바울은 빌레몬을 향해 "이후부터는 종과 같이 여기지 말고 종 이상으로 사랑받는 형제와 같이 여겨달라"(빌레몬서 1장 16절 참조)고 말한다. 결과가 어떻게 되었을까? 신앙 안에서 주인과 종의 경계가 무너지는 파격적인 사건이 일어났다. 신앙은 아랫사람을 사랑으로 용납하는 능력을 허락하는 기반이 된다.

가만히 생각해보면 모든 권위는 하나님께로부터 위임받은 것이지, 결코 마음대로 휘두르라고 주어진 것이 아니다. 그러므로 만약 자신이 명령해야 할 위치에 있는 윗사람이라면 궁극적인 윗자리에 하나님께서 계심을 깨달아야 할 필요가 있다.

어느 조직에 속해 있는 사람이든 윗사람의 입장에 있는 사람은 끊임없이 두 가지 중 하나를 선택해야 한다. 즉, '사람이 좋고 무능하든지,' 아니면 '사람이 좀 독해도 능력이 있든지' 둘 중 하나를 택해야 하는 기로에 자주 서게 된다. 물론 업무가 제대로 돌아가게 하려면 당연히 후자를 택해야 한다. 그러나 생각해보면 좋은 사람이 되는 것과 능력 있는 사람이 되는 것은 결코 대립되는 것이 아니다.

예수님은 "그러므로 무엇이든지 남에게 대접을 받고자 하는 대로 너희도 남을 대접하라 이것이 율법이요 선지자니라"는 황금률을 마태복음 7장 12절에서 말씀하고 계신다. 이미 내가 속해 있는 조직 내에서 그리스도인으로 인식되어 있기 때문에 해서는 안 될 말이 있고, 때로는 그 때문에 일이 그르쳐질 수도 있다. 그러나 정말 다른 사람이 내게 해주기를 원하는 것만큼 믿음 안에서 내가 아랫사람을 신뢰해주고 대접해준다면 어떤 일이 벌어질까? 당장은 결과가 나타나지 않을지 모르지만, 아랫사람이 나를 믿어주기 바라는 만큼이라도 윗사람으로서 아랫사람을 믿어주고 다시 일을 맡긴다면 틀림없이 좋은 결과가 나올 것이다.

상전들아 너희도 그들에게 이와 같이 하고 위협을 그치라 이는 그들과 너희의 상전이 하늘에 계시고 그에게는 사람을 외모로 취하는 일이 없는 줄 너희가 앎이라

에베소서 6장 9절

"주님!
이 죄인이 주님의 사랑에 빚진 자임을 고백합니다.
삶 속에서 주님이 베풀어주신 사랑의 빚을
갚을 수 있는 은혜를 주시고,
주어진 모든 권위가 주님께서 허락하셔서
주어진 것임을 잊지 않게 하옵소서.
후배들을 사랑으로 용납하며
항상 믿어주는 선배의 모습을 가지게 하시고,
오는 세대에게도 모범적인 선배가 되게 하옵소서."

| 3장 |

직장에서도 인정받는 그리스도인이고 싶다

prayers for work

하루에도 몇 번이나 회사를 그만두고 싶다면

직장에서 편하게 이야기할 수 있는 친구가 없다면

나는 과연 리더의 자질을 갖추고 있을까?

내가 왜 이 직장에 보내졌을까?

work

취직을 못해 힘들어하는 사람들도 있겠지만,

내게는 월요일 아침 출근길이 너무 괴롭습니다.

내가 왜 이 직장을 다녀야 합니까?

만족하면서 일할 수 없을까요?

직장 1

하루에도 몇 번이나 회사를 그만두고 싶다면

성품도 좋고 만나기만 하면 좌중을 즐겁게 해주는 한 후배를 알고 있다. 말을 유창하게 잘하고 상황에 적합하게 대처하는 순발력이 있어서 후배를 아는 사람들은 그런 능력을 부러워할 뿐만 아니라 그를 좋아한다. 그런데 그 후배에게도 약점이 있다. 모임이 끝날 무렵이면 꼭 자신이 지금 일하고 있는 직장이 마음에 들지 않는다면서 '새로운 직장을 소개해달라'는 말을 잊지 않고 덧붙인다. 좋게 보면 사람이 고인 물같이 한 자리에 머물러 있지 않고 자기 발전을 위해 끊임없이 노력하는 것처럼 보일 수도 있지만, 모일 때마다 '옮기고 싶다'는 말을 계속 듣다보니 그에 대해 문제의식을 느낄 수밖에 없었다.

사회적으로 '평생직장'이라는 단어는 사라진 지 오래고, 각기 전공이 있으니 '평생직업'만 있다는 이야기를 듣는다. 실제로 노동부에서 발표한 통계치를 보면 새로운 직장에 들어간 사람들 1,000명 가운데 정년을 맞이할 때까지 근무하는 사람의 숫자는 놀랍게도 네 명 정도밖에 되지 않는다고 한다. 또 어느 인터넷 취업 포털 사이트에서 직장인들을 대상으로 "학창시절 희망 직업과 현재의 직업이 일치하는가"라는 설문조사를 실시했다. 그 결과에 따르면 전체 응답자의 77퍼센트가 '전혀 다른 일을 하고 있다'고 밝혔고, '비슷한 업무를 하고 있다'는 직장인은 전체 응답자의 18퍼센트였으며, '학창시절 꿈꾸어왔던 일을 하고 있다'는 직장인은 5퍼센트에 그쳤다. 4명 중 3명이 학창시절 꿈꿨던 직업과 전혀 다른 일을 하고 있는 셈이다. 아마도 이런 현상이 나타난 것은 취직이 점점 어려워지는 구직난 속에서 '일단 아무 곳이든 들어가고 보자'라는 심리가 크게 작용한 것으로 보인다.

치과를 개업한 친구에게 "매일 사람들의 입 속만 쳐다보고 있으면 따분하지 않아?"라고 물었던 적이 있다. 짧은 생각에 사람들의 입 속을 들여다보면서 하루를 보낼 것을 생각해보니 참 고역이겠구나 싶어 물어본 말이었다. 그런데 의외의 대답이 돌아왔다. "너무 재밌어. 어떤 환자든지 똑같은 치아 모양을 하고 있는 사람은 한 사람도 없거든. 그러니까 새로운 환자가 진료의자에 누우면 이분의 치아는 하나님께서 어떻게 만들어놓으셨을까 살짝 묘한 흥분마저도 느끼곤 해. 그러니 만족하고 감사할 수밖에 없지." 그 이야기를 들으면서 '당신은 천생 치과의사다'라는 생각이 들었다.

전도서 3장 22절에는 "그러므로 나는 사람이 자기 일에 즐거워하는 것보다 더 나은 것이 없다"라는 말씀이 기록되어 있다. 현재 자신의 직업과 주어진 일에 대해 보람을 느끼고 감사해하는 것만큼 좋은 일이 없다는 말이다. 그러나 대부분의 사람들은 자신의 직업과 일에 대해 만족하지 못하는 게 사실이다. 재미있는 사실은 많은 사람들이 선망의 대상으로 여기는 직종에 있는 이들조차 자신의 일에 대해 만족하지 못하고 있다는 것이다. 실제로 신문, 방송, 통신 등 언론계 종사자의 절반 가까이가 타 직종으로 이직을 고려하고 있다는 전국언론노동조합의 조사 결과가 나와 흥미를 끈 적 있다.

권소연의 『사랑은 한 줄의 고백으로 온다』를 읽어보면, 일과 관련하여 어느 말기암 환자의 블로그에서 보았다는 아주 의미심장한 한 구절이 나온다. "안 해본 일이 많은 건 후회되지 않아. 제대로 해본 일이 없는 게 정말 후회돼." 이 말을 보는 순간, '정말 하고 싶은 일을 하면서 사는 사람'이 진정으로 행복한 사람이라는 생각을 새삼스럽게 해본 적이 있다. 자신이 하는 일에 자부심을 느끼고 일을 할 때마다 아주 신이 난다면 그것보다 더 기쁜 일이 어디 있겠는가!

어떤 일이 주어져도 그 일은 나의 일이며 내가 즐겁게 해야 할 귀한 일이라고 생각하는 사람들은 절대로 시간낭비를 하지 않는다. 다른 사람의 기준으로 볼 때는 별 볼일 없는 하찮은 일이고, 짜증나는 일일는지 몰라도 내가 감사하는 마음으로 주어진 일을 감당한다면 상황은 달라질 수 있다. 어김없이 찾아오는 하루하루에 대해 감사와 기쁨의 마음을 가진다면 그 하루하루가 모여 훌륭한 인생이라는 작품이 될 것이 틀림없다.

전도서 3장 22절의 말씀을 다시 한 번 묵상해보자. "사람이 자기 일에 즐거워하는 것보다 더 나은 것이 없다." 그러므로 자신이 하는 일에 기쁨이 없고 재미가 없다고 느껴진다면 기쁘고 즐겁게 만들어야 할 필요가 있다. 그렇게 할 수 없다면 지금 일하는 곳에서 적당한 때에 이직을 하는 것이 차라리 나을 것이다. 그러나 이왕에 일을 하기로 했다면 일에 재미를 느끼면서 신바람 나게 하는 것이 중요하다.

모 인터넷 사이트에서 취직한 지 1년 미만의 신입사원들에게 "회사가 마음에 들지 않으면 어떻게 하겠는가?"라고 물어보았다. 그 결과 신입사원 10명 중 4명은 회사가 마음에 안 들 경우 옮겨갈 곳도 정하지 않은 채 무작정 회사를 그만둘 생각이라고 대답했다. 직장에서 연륜이 쌓이고, 중간 간부 이상으로 올라갔음에도 불구하고 "아휴, 빨리 그만둬야지"라는 말을 입에 달고 다니는 사람 치고 제대로 된 사람이 없다. 지금이라도 늦지 않았다. 만약 정 못할 일을 하고 있다면 떠나라! 그러나 정 못할 일이 아니라면 감사하는 마음으로 우리에게 주어진 일감을 즐겨보자.

종종 반복되는 일상 속에서 권태감을 이기지 못해 떠나고 싶다고 이야기하는 이들을 만나게 된다. 첫 출근을 했을 때의 설렘은 이미 사라진 지 오래고, 습관의 노예가 되었다고 푸념한다. 그러나 지혜로운 사람들은 "처음 마음을 유지하면 못할 것이 없다"고 조언한다. '초발심初發心'을 회복하라는 것이다. 처음 간 여행지에서 생경한 마음으로 사방을 두루 살피듯이, 또 만나고 싶었던 사람과 처음 만나 대화할 때 가졌던 설렘처럼 반복되는 일과 인생도 초심을 회복하면 마음이 달라질 것이다. 지금 주어진 일이 비슷한 이력을 가진 동료나 친구들에 비해서 초라한 일이라고 생각해 감사하는 마음과 만족도가 떨어져 있지는 않은가? 처음 그 일을 수행하게 되었을 때 기뻐했던 마음을 다시 한 번 깊은 마음의 우물에서 건져올려보라. 내일 당신이 앉거나 서 있어야 할 자리는 새로움과 기쁨의 자리가 될 것이다.

그러므로 나는 사람이 자기 일에 즐거워하는 것보다 더 나은 것이 없음을 보았나니 이는 그것이 그의 몫이기 때문이라 아, 그의 뒤에 일어날 일이 무엇인지를 보게 하려고 그를 도로 데리고 올 자가 누구이랴

전도서 3장 22절

"일할 수 있는 특권을 허락해주신 주님!

처음 일을 맡았을 때의 흥분된 마음을 잊지 않게 하옵소서.

매일 일하는 가운데 주께 하듯 최선을 다할 때

기쁨과 감사와 만족이 넘칠 줄 믿습니다.

맡은 일에 대해 열정을 품고

진행하는 과정에서 주변 모든 사람들에게

인정받는 은혜도 함께 허락해주옵소서."

직장
2

직장에서 편하게 이야기할 수 있는 친구가 없다면

"직장인도 사춘기에 시달린다?"는 호기심을 불러일으키는 기사 제목을 본 적이 있다. 내용인즉 직장생활에 대한 회의감이 들면서 별다른 이유 없이 직장과 업무에 대한 불만을 갖는 증세를 '직장인 사춘기 증후군'이라고 한다는 것이다. 실제로 잡코리아가 직장인 306명을 대상으로 설문조사를 실시한 결과, 응답자의 86.6퍼센트가 직장생활을 하는 동안 사춘기 증후군을 경험했다고 답했다. 사춘기 증상을 겪었던 시기(복수 응답)로는 직장생활 '3년차'라는 응답이 32.8퍼센트로 가장 높았고, 사춘기 증후군 증상(복수 응답)을 겪을 때 78.0퍼센트가 '이직을 고려했다'고 응답한 것으로 나타났다. 표면적으로 본다면 직장인 10명 중

9명이 자신이 다니고 있는 직장에 대해 회의를 느끼고 있고, 직장생활 3년차일 때 직장에 대한 회의감이 최고조로 이른다는 것을 확인할 수 있다.

사실 이런 회의감이 들 때 마음을 터놓고 이야기할 수 있는 친구의 역할이 매우 크다. 직장생활의 고민과 회의감을 친구와의 진지한 대화를 통해 풀어가거나 해소할 수 있기 때문이다. 하지만 "진지하게 이야기를 주고받을 직장 동료가 있느냐?"라는 질문에 고개를 끄덕이기란 쉽지 않다. 가족들보다 더 많은 시간을 얼굴을 맞대고 지내고 있고, 팀워크를 향상시키는 프로그램도 진행되지만, 가슴을 활짝 열고 대화할 수 있는 직장 동료가 있는 사람들은 그리 많지 않은 것이 현실이다. 게다가 신앙생활 때문에 회식자리나 단합대회 등에 잘 어울리지 못하는 그리스도인의 경우에는 더욱더 왕따를 당하기 쉽다. 게다가 부정직이 관행화되어 있는 곳에서 신앙적 양심 때문에 갈등하고 있는 상황이라면 직장생활은 더욱 어렵기 마련이다. 5천만 인구 중에 그리스도인이 적게는 20퍼센트에서 많게는 25퍼센트를 차지한다는 통계도 있는데, 내가 일하는 부서에는 눈을 씻고 찾아봐도 예수 믿는 사람이 없다는 결론에 이르게 되면 참으로 난감하지 않을 수 없다.

"한동안은 기가 눌려 점심 먹을 때 식사기도를 하기도 어려운 상황이었어요." 선교단체에서 일대일 전도를 훈련받고 캠퍼스 전도에서도 탁월한 은사를 보였던 한 자매로부터 들은 이야기다. 호텔에 첫 입사한 그 자매는 "회사에 들어가면 주변 사람들부터 차근차

근 전도해나갈 것"이라며 영적 전의를 불태웠지만, 막상 배치된 부서에서 믿음 있는 선배와 동기들을 발견하지 못해 힘들었다고 한다. 그러면서 "예수 믿는 선배 한 사람을 만나기 전까지 약 3개월 동안은 솔직히 영적 공황을 경험했다는 이야기도 했다.

일터에서 그리스도인으로서의 자기 정체성을 표현하는 것은 쉽지 않지만, 믿음의 여정을 서로 다독여주는 선후배나 동기들을 만난다는 것은 생각만 해도 신나는 일이다. 믿음을 가진 사람이 많아 신우회가 잘 조직되어 있는 직장을 만나거나, 믿음의 기업이라고 알려진 직장에 들어가 일을 한다면 얼마나 좋겠는가! 하지만 우리가 일하는 현장은 대부분 그렇지 못하다. 하지만 현실이 영적 불모지와 같다고 해서 낙심만 하고 있을 수는 없지 않은가?

그렇다면 대안은 무엇일까? 우선 함께 일하는 사람들 하나하나에게 관심을 보이라고 제안하고 싶다. '단일민족'이라는 의식이 강해서인지 우리나라 사람들은 혈연관계가 아주 돈독하다. 이는 혈연관계가 아닌 사람에게는 무관심하다는 의미이기도 하다. 그러나 사람들은 누군가 자신에게 관심을 기울여주는 것을 좋아한다. 그러므로 혈연에만 국한된 관심의 각도를 조금 넓혀 일터 식구들에게로 방향을 틀어놓는다면 상황은 달라질 것이다. 물론 감정적으로 쉽지 않은 일이기에 의지적인 결단이 필요하다.

사실 직장은 모두가 낯설고 내 맘 같지 않은 사람들로 가득 찬 곳이다. 그런데 함께 일하는 사람들 가운데 개인적인 고민이나 가정 형편, 또는 건강 상태 등에 대해 관심을 가져주는 사람이 한 사람이라도 있다면 직장은 안정된 울타리가 될 것이고, 매일 아침 회사에 가고 싶다는 마음이 생길 것이다. 물론 관심과 사생활 침해는 구분되어야 한다는 전제 하에서 말이다.

언젠가 전도사역을 전문으로 하는 목회자 한 사람이 이런 이야기를 들려주었다. 그리스도인들은 믿지 않는 사람들을 만날 때 세 가지 단계를 거친다고 했다. 처음 만났을 때 대부분은 기가 죽게 마련이라고 한다. 그 이유는 상대방의 배경이나 학력, 재산 정도 등 나보다 조금이라도 나은 듯한 외부적인 요소에 의해 위축된다는 것이다. 두 번째 만나면 무엇인가 이상한 느낌을 받게 된다고 한다. 겉으로는 별다른 점을 찾지 못하지만, 왠지 한구석이 비어 있는 듯한 느낌을 가지게 된단다. 그리고 세 번째 만나게 되면 '아! 이 사람에게도 회복하고 싶은 상처가 있구나. 그래서 예수님이 필요하구나' 하고 무릎을 치게 된다고 한다.

사실 신실한 젊은 그리스도인들 가운데는 안식해야 할 주일이 '안 쉬는 날'이라 할 만큼 영적 공동체를 위해서 진액을 쏟은 뒤, 월요일 아침 일터로 향하는 이들이 많다. 문제는 주일에는 열정적인데 몸담고 있는 직장에서는 이야기를 나눌 수 있는 믿음의 동역자가 한 사람도 없는 경우가 많다는 것이다.

냉정하게 말하면 한 주 동안 주일에만 교회의 언어를 과도하게 사용하고, 나머지 6일 혹은 5일 동안에는 거룩한 언어를 한 마디도 꺼내보지 못하는 상황에 있는 것이다. 이는 균형감각을 상실한 영적 장애의 삶이다. 그러므로 먼저 신앙의 정담을 나눌 수 있는 사람, 곧 믿음의 동역자를 만나기 위해서 많은 노력을 기울여야 한다. 어쩌면 기도할 때마다 어떤 간구보다도 더 간절하게 믿음의 동역자를 만나게 해달라고 하나님께 매달려야 하는지도 모른다.

그러나 분명한 것은 믿음의 동역자를 발견하는 것은 결코 쉽지 않다는 점이다. 때문에 믿음의 동역자를 얻기 위해 끊임없이 기도하고, 가능성 있는 사람들에게 관심을 보이며, 작은 사랑이라도 실천해야 한다. 또한 항상 구별된 그리스도인의 삶을 보여주기 위해 깨어 있는 삶을 산다면 상황은 분명 달라질 것이다. 때로는 전 직원의 명단을 적어놓고 이름을 언급하며 기도하고, 편한 사람부터 시작하여 한 사람, 한 사람에게 관심을 보이면서 가족 대하듯이 그들의 작은 필요에 친절과 배려로 응답하는 것이 필요하다. 이런 자세를 두고 예수님께서는 "타인에게 대접받고자 하는 대로 타인을 대접하라"는 황금률로 정곡을 찔러 말씀해주신다.

믿음으로 사는 삶과 일터에서의 성공이라는 두 마리 토끼를 모두 잡는다는 것은 나이를 먹을수록 점점 부담으로 와닿게 마련이다. 그러나 나의 친절과 배려 그리고 기도를 통해 직장에서 단 한 사람의 믿음의 동역자라도 함께할 수 있고, 더불어 하나님의 하나님되심을 나눌 수 있다면 그곳은 은혜를 주고받는 새로운 공간으로 탈바꿈할 것이며, 일터에서의 기쁨도 배가되는 귀한 경험을 하게 될 것이다.

그러므로 무엇이든지 남에게 대접을 받고자 하는 대로 너희도 남을 대접하라 이것이 율법이요 선지자니라

마태복음 7장 12절

"생명을 주심으로
가장 좋은 관계를 맺어주신 주님!
일터에서 아름다운 관계를 형성할 수 있는
좋은 사람을 붙여주시기를 간구합니다.
그러나 일터에 좋은 사람이 있는가를 살피며 찾기보다는
먼저 주님께서 공급하시는 사랑의 에너지를 공급하므로
내가 먼저 직장 동료들에게
좋은 사람이 될 수 있는 은혜를 허락해주옵소서."

직장 3

나는 과연 리더의 자질을 갖추고 있을까?

16세기 당시 일본에는 일본 역사를 통틀어 가장 뛰어난 인물로 평가받는 세 사람이 동시대를 살았다. 천하를 통일하기 위해 분투했던 이 세 사람은 바로 오다 노부나가織田信長와 도요토미 히데요시豊臣秀吉, 그리고 도쿠가와 이에야스德川家康다. 재미있는 사실은 이들의 리더십이 선명하리만큼 너무도 달랐다는 것이다. 이 세 사람이 두견새를 소재로 한 와카和歌(일본 전래 노래의 한 형식) 가운데 단가短歌의 형식을 빌려 노래한 것을 보면 정말로 그들의 리더십이 확연하게 구별된다는 것을 알 수 있다. 오다 노부나가는 '울지 않는 새는 죽여야 한다'고 노래했다. 반면 도요토미 히데요시는 '울지 않는 두견새는 울게 만들어야 한다'고 노래했으며, 도쿠가와 이에야스는 '울지 않는 두견새는 울 때까지 기다려야 한다'고 노래했다. 이들에 대해 한 언론인은, 노부나가는 성격이 매우 급하고, 히데요시는 노회한 음모꾼이며, 이에야스는 미련한 것 같지만 무게가 있는 인물이라고 분석했다.

생뚱맞게 웬 일본 단가 얘기냐고 할지도 모르겠지만, 나이를 먹으면 가정은 물론 이런저런 공동체에서 리더 역할을 감당해야 하는 경우가 생긴다. 그래서 삶의 궤적이 길어지면 길어질수록 지도자론에 대해 관심을 가질 수밖에 없다.

이의용이 쓴 『좋은 리더가 되는 212가지 노하우』라는 책을 보면 지도자의 유형을 다음과 같이 재미있게 구분하고 있다. 첫째로 '똑게유형'은 똑똑하고 게으른 지도자를 칭하는 말이다. 둘째로 '똑부유형'은 똑똑하고 부지런한 지도자를 칭하는 말이다. 셋째로 '멍게유형'은 멍청하고 게으른 지도자를 지칭한다. 넷째로 '멍부유형'은 멍청하지만 부지런한 지도자를 지칭하는 말이다. 저자는 똑똑하고 게으른 유형의 사람을 최고의 지도자로 꼽았고, 멍청하고 부지런한 유형을 최악의 지도자라고 평했다. 왜냐하면 업무를 정확하게 파악한 뒤에 주요 업무를 아랫사람에게 맡기는 지도자는 인재를 키우고 조직을 발전시키지만, 상황 판단이 느리면서 끊임없이 불필요한 일을 만드는 지도자는 조직을 지치게 만든다는 것이다.

한편 조직 속에서 퇴출 대상인 리더의 유형으로는 정책 결정을 스스로 못하고 윗사람 눈치만 살피는 뜸들이기형, 나이와 권위만으로 버티는 뚝심형, 틈만 나면 회고담을 늘어놓는 회고형, 사소한

일까지 자신이 직접 챙기는 부하불신형이 있다고 한다. 반면에 좋은 리더로 인정받고 싶다면 아랫사람들이 자신의 능력을 최대한 발휘할 수 있도록 웬만하면 옛날 얘기를 꺼내지 말고, 의사결정 과정에 참여시키며, 개인 시간을 존중해주고, 술로 만사를 해결하려 들지 말고 둘만의 시간을 가지라고 권하고 있다.

사실 데일 카네기의 리더십 이론이나 경영학적 리더십론을 굳이 언급하지 않더라도, 그리스도인들이 바라는 리더는 어떤 사람이어야 하는지 예수님을 통해서 쉽게 배울 수 있다. 복음서에 나타난 예수님은 결코 자신의 뜻대로 행하지 않으셨고, 언제나 하나님 아버지의 뜻을 이루기 위해서 모든 일을 행하셨다. 이것은 우리가 자신의 안위만을 위한 목적과 동기로 지도력을 행사한다면 실패한 지도자가 될 것임을 보여주는 중요한 포인트다. 엄밀한 의미에서 진정한 리더십은 지위가 아니라 영향력을 행사하는 것이고, 명령으로 권위를 세우는 게 아니라 솔선수범을 행하는 것이다.

많은 사람들이 지도력을 제대로 행사하지 못하는 주요 원인은 권위와 권위주의를 혼동하기 때문이다. 사실 권위 자체가 나쁜 것은 아니다. 문제는 지도자들이 권위를 유지하기 위해서 가정이나 자신이 속해 있는 공동체에서 권위가 어디에서 나오는지를 잊어버리는 데 있다. 이런 의미에서 예수님으로부터 배울 수 있는 중요한 사실은, 지도자의 권위는 겸손과 섬김에서 온다는 점이다.

세속의 논리는 강한 자만이 살아남을 수 있고, 유명하지 않거나 힘이 없으면 이미 존재 의미가 없다고 가르친다. 게다가 1등이 아니면 모두 패배자이고, 어떤 조직에서든지 튀지 않으면 죽은 목숨이라고 세뇌시키면서 성공을 위해 수단과 방법을 가리지 말라고 종용한다. 인위적인 수단과 방법을 동원한 외형적인 압도감에는 분명 한계가 있다. 이런 점에서 비움과 낮아짐을 통한 진정한 영향력이 리더를 리더답게 만든다는 사실을 알아야 한다.

사실 천연자원이나 에너지의 고갈로 인한 위험보다 리더십이 떨어지는 지도자가 더 심각한 상황을 초래할 수 있다. 지금 우리 주변을 둘러보면 그 말을 실감할 수 있다. 점점 나이를 먹어가고, 직장에서 지위가 조금씩 올라가면 행사할 수 있는 권위의 영역이 점점 넓어지게 마련이다. 그러나 분명한 것은 리더십은 영향력이라는 사실이다. 영향력을 발휘하기 위해서는 함께하는 이들에게 감동을 줄 수 있어야 하는데, 그렇게 하지 못하기 때문에 한국 사회 내 여러 공동체들이 어려움을 겪고 있는 것이다.

과거 같으면 어지간한 직책이나 타이틀 하나로도 사람들이 쉽게 감동을 받았다. 가정에서도 '아버지'라는 타이틀 하나만으로 가족들에게 호령할 수 있었고, 가족들 역시 그 권위에 순복했다. 그러나 이제는 어림도 없는 상황이다. 직책이나 지위, 타이틀로는 더 이상 먹히지 않는 시대가 온 것이다.

어느 정도의 지위를 가졌을 경우 힘을 휘두를 수도 있다. 그러나 그 권력으로 구성원들 위에 군림한다고 해서 그들에게 무조건 맹종하던 시대는 지났다. 이제는 비움과 섬김의 리더십을 통한 영향력이 절대적으로 필요한 시대가 된 것이다.

너희 중에는 그렇지 않아야 하나니 너희 중에 누구든지 크고자 하는 자는 너희를 섬기는 자가 되고 너희 중에 누구든지 으뜸이 되고자 하는 자는 너희의 종이 되어야 하리라 인자가 온 것은 섬김을 받으려 함이 아니라 도리어 섬기려 하고 자기 목숨을 많은 사람의 대속물로 주려 함이니라

마태복음 20장 26~28절

"비움과 섬김으로 리더의 본을 보이신 주님!

나와 함께한 형제자매들을

나의 목적 달성의 수단으로 대하지 않게 하옵소서.

언제나 주님의 형상으로 인식하며

오히려 섬김과 낮아짐으로 대하게 하옵소서.

이를 통해 윗사람과 동료들 그리고 나를 따르는 모든 지체들이

저를 통해 주님의 모습을 보게 하셔서

궁극적으로 주님의 영광이 드러나는

아름다운 결과를 보여주옵소서."

직장 4

내가 왜 이 직장에 보내졌을까?

10대 시절을 돌이켜볼 때마다 얼굴이 붉어지는 몇 가지 기억들이 있다. 그때는 왜 그리 시간이 더디게 가던지, 어른 흉내를 내느라 속된 표현으로 온갖 '난리 블루스'를 추었다. 고등학교 시절 깡촌에서 유학 왔던 한 친구는 학교에서 파하면 잘 어울리지도 않는 가발을 쓰고 다니다가 버스 안에서 벗겨져 웃음거리가 된 일도 있었다.

그런데 눈 깜짝할 사이에 시간의 속도는 두 배를 훌쩍 넘겨 무섭게 가속 페달을 밟고 있다. 문득 정신을 차려보니 쏜살같이 달려가는 삶의 속도 때문에 주변이 주체할 수 없을 정도로 분주하다. 어리벙벙하게 있다가 무엇을 선택하고 집중해야 할지에 대한 판단력마저 흐릿해지는 것을 느낀다. 직장인 가운데에는 일에 일을 더하는 상황 속에서 "과연 무엇에 우선순위를 두고 살아야 할 것인가?" 하는 질문조차 감히 던질 수 없는 '일의 무저갱' 속에 파묻혀 있는 사람들도 많다.

'바쁘다'는 말을 입에 달고 살지만, 사실 대부분의 사람들이 하는 일을 정리하면 크게 네 가지로 구분할 수 있다. 첫째는 긴급하고도 중요한 일이다. 이런 일은 생명을 걸고서라도 진행하고 완수해야만 하는 절대성을 가진다. 그런데 이런 일일수록 섣불리 대처할 수 없다는 어려움이 있다.

둘째는 긴급하지만 별로 중요하지 않은 일들이다. 대체로 이런 일들은 추진하는 사람들의 힘을 소진시키는 경향이 있다. 또 일을 완수한 뒤에도 수고한 사람으로서는 크게 보람을 느끼지 못하는 경우가 많다.

셋째는 긴급하지 않지만 중요한 일이다. 이런 일은 대체로 중장기 정책에 속한 일일 경우가 많다. 경험상 이런 일들은 항상 마음에 부담을 주지만 놓치고 지나가는 경우가 많으며, 정작 중요한 시점에 폭발적인 에너지를 가지고 처리해야 하기 때문에 커다란 낭패감을 맛보기 십상이다.

넷째는 긴급하지도 않고 중요하지도 않은 일이다. 이런 일들이야 관여하지 않으면 그만이라고 생각하기 쉽다. 하지만 주변을 둘러보면 때로는 정과 인간관계에 이끌려서 마지못해 하든지, 아니면 어쩔 수 없는 상황 때문에 진행하는 경우도 많다.

굳이 네 가지 종류로 일을 나눈 이유는, 대개 일이라는 것이 갑작스럽게 닥쳐와 사람을 분주하게 만들기 때문에 긴급하고 중요한 일과 가치 있는 일에 우선순위를 두고 삶을 재정립하자는 의도다. 좋은 기업을 넘어 위대한 기업을 주창했던 짐 콜린스가 제리 포라스와 함께 저술한 『성공하는 기업들의 8가지 습관』을 보면, 성공한 기업들의 특징 가운데 눈에 띄는 항목이 있다. 바로 '핵심을 보존하고 발전을 자극하라'는 항목이다. 말 그대로 핵심가치에 집중해서 핵심 역량을 발휘할 때 성공하는 기업이 된다는 말이다.

사실 그리스도인은 세상이 요청하는 바와 하나님의 말씀이 요청하는 바를 삶의 현장에서 동시에 실천해야 한다는 이중의 짐을 지고 있는 사람들이다. 그러나 신앙고백에 기초하여 하나님의 자녀가 된 이상 삶을 지배하는 일차적 원리는 하나님의 말씀인 성경이어야 한다. 성경 말씀 가운데 어느 말씀이나 다 중요하지만, 방대한 분량 때문에 항상 기억해야 할 핵심적인 말씀이 무엇인지 고민하게 된다. 그러면 하나님의 자녀로서 그 말씀 때문에 숨을 쉬고, 힘을 얻는다고 고백할 수 있을 만한 핵심가치는 과연 어떤 말씀일까?

개인적으로 나는 이사야 선지자와 하박국 선지자가 고백하는 "물이 바다를 덮음같이 여호와의 영광을 인정하는 것이 세상에 가득하게 되는 것"(하박국 2장 14절)이 바로 신구약 성경을 함축하는 핵심 메시지라고 생각한다. 사실 이 말씀 때문에 믿음의 조상들이 순교하는 것을 마다하지 않았고, 현재를 살아가는 믿음의 사람들 역시 땀과 물질과 자기 자신을 하나님 앞에 드리고 있다. 성경은 하나님께서 당신의 자녀인 그리스도인들을 통해서 이루시려고 하는 궁극적인 꿈은, 여호와의 주권을 열방의 모든 민족들이 인정케 하는 것이라고 밝히고 있다. 하나님 없이 사는 삶 때문에 겪게 되는 세상적 고통들은 하나님을 통해서만 고쳐지고 치유함을 얻을 수 있는 것이다.

이런 맥락에서 예수님은 승천하시기 직전 마지막 유언으로 사도행전 1장 8절에 다음과 같은 말씀을 남기셨다. "오직 성령이 너희에게 임하시면 너희가 권능을 받고 예루살렘과 온 유대와 사마리아와 땅 끝까지 이르러 내 증인이 되리라"

유언이 무엇인가? 마지막으로 남기는 말 아닌가! 상식적으로 볼 때 삶에서 가장 핵심적인 내용을 말하는 것이 바로 유언이다. 제자들과 함께하셨던 주님이 마지막으로 하나님 나라를 향해 떠나기 직전에 자신의 가르침 중에서 가장 중요한 것을 요약해서 제자들에게 남긴 것으로 이해한다면, 이 말씀은 기독교의 핵심가치라고 해도 틀린 말이 아니다. 그러므로 성령이 임하고 능력을 받은 이 땅의 그리스도인들이 집중해야 할 핵심 사명과 핵심가치는 바로 '땅 끝까지 이르러 복음의 증인이 되어야 한다'는 것이다.

이런 점에서 지금까지의 한국 교회는 적어도 예수님이 말씀하신 핵심가치를 수행하는 데 상당히 빠른 행보를 보였다. 한국세계선교협의회가 밝힌 자료에 의하면, 한국 교회가 1907년 이기풍 목사를 첫 선교사로 파송한 이후 2008년 12월 말까지 한국 선교사의 수는 총 1만 9,413명으로, 선교사 해외 파송이 세계 2위라고 한다.

해마다 선교사의 수가 2,000여 명씩 증가하는 것을 감안할 때 곧 선교사 2만 명 시대에 다다르게 될 것이라는 계산이 나온다.

그런데 가만히 생각해보면 무조건 수와 양의 논리로 그리스도의 지상명령을 온전히 성취하고 있다고 단정할 수는 없다. 모든 선교사나 선교를 준비하는 사람들이 그런 것은 아니다. 하지만 때때로 선교를 해외 이주쯤으로 여겨 낭만적으로 생각하는 이들을 만나면 가슴이 답답해진다. 교회들마다 그리스도의 지상명령에 따라 선교 사명을 강조하면서 "가든지 보내든지"라는 구호를 외쳐댄다. 그래서 파송되는 선교사가 될 것인지, 파송된 선교사를 후원하는 선교사가 될 것인지에 대해 이야기하고 있지만, 해외로 나간다는 사실에 가치를 두는 선교사들도 종종 만나게 된다.

모름지기 증인이란 자신이 직접 보고, 듣고, 경험한 사실을 말하는 사람을 의미한다. 다른 사람의 이야기를 옮기는 간접경험에 의존하는 것이 아니라, 목격자로서 확신을 가지고 말하는 사람이 바로 증인이다. 이런 의미에서 땅 끝을 향해 나가야 하는 핵심 사명을 받은 그리스도인이라면 결코 감상적인 차원에 머물러 있어서는 안 된다. 주님이 다시 오실 것임을 분명히 확신하면서 예수님의 유언인 '땅 끝 증인'의 삶을 구체적으로 일구어야 하는 책무가 주어져 있다.

그래서 '땅 끝'이 과연 어디인가에 대한 새로운 해석이 필요하다. 정보화사회 속에서 땅 끝은 이제 더 이상 지리적인 의미만을 가지지 않는다. BC 7000년경에 시작된 농업이 5,000여 년의 긴 세월 동안 변화를 일으켜왔다면, 디지털은 20~30년 만에 혁명적인 변화를 일으켜 전 세계를 지구촌화시켰다. 그 결과, 지구 반대편에 있는 나라에서 어떤 일이 벌어지고 있는지에 대해서도 시시각각 알 수 있게 되었다. 전 세계가 모두 한 마을이 되어 이른바 지구촌이 형성된 것이다. 선교지로 가는 선교가 방향성을 다시 모색해야 할 상황에 직면한 것이다. 이런 상황을 꿰뚫어보는 통찰력이 있다면 바로 내가 서 있는 곳 바로 나의 왼쪽과 오른쪽이 땅 끝임을 쉽게 이해할 수 있다. 그러므로 자크 엘룰Jacques Ellul의 지적처럼 "세계적으로 생각하고 지역적으로 행동해야 하는 것"이 바로 이 시대 그리스도인들의 사명이다.

여기서 우리는 새로운 시각을 가지고 내가 서 있는 곳에서 선교사로서의 사명을 충분히 감당할 수 있는 가능성을 발견하게 된다. 적어도 내가 하는 몸짓과 살아가는 모습, 그리고 하고 있는 일을 통해 하나님의 위대하심이 증명된다면, 또한 그것을 통해 주변 사람들이 복음과 그리스도에 대해 관심을 가지게 된다면 그것이 바로 '땅 끝 증인'이 되는 길이다. 그러므로 부지런히 하나님 나라가 이 땅에 임할 수 있도록 서 있는 그곳에서 하나님께서 호흡을 할 수 있는 여력을 주셨을 때 복음의 씨앗을 뿌리는 사람이 되어야 할 것이다.

또 이르시되 하나님의 나라는 사람이 씨를 땅에 뿌림과 같으니 그가 밤낮 자고 깨고 하는 중에 씨가 나서 자라되 어떻게 그리 되는지를 알지 못하느니라 땅이 스스로 열매를 맺되 처음에는 싹이요 다음에는 이삭이요 그 다음에는 이삭에 충실한 곡식이라

마가복음 4장 26~28절

"우리를 통해 이 땅의 모든 사람들이 하나님 앞으로 돌아오기를 소원하시는 주님!
주님의 마음을 시원하게 해드리는 사람이 되고 싶습니다.
내가 서 있는 이곳이 바로 하나님께서 구별해주신 땅 끝이며,
거룩한 곳임을 깨닫는 땅 끝 의식을 소유하게 하옵소서.
내가 서 있는 이곳에서 때를 얻든지 못 얻든지
그리스도의 복음을 전하는 땅 끝 증인이 되게 하옵소서."

| 4장 |

하나님, 나는 왜 이런 걸까요?

prayers for myself

내가 어떤 사람으로 비쳐질까?

나는 원래 그런 사람이다?

변화 없는 삶에 지쳐 있다면

myself

나는 왜 나 자신을 사랑하지 못할까요?
하나님의 형상이라고 말하는 나 자신이
전혀 존귀하다고 느껴지지 않을 때에라도
나의 감정과 생각을 넘어 당신의 시각으로
나를 보기를 원합니다. 내 안에 계신 당신으로
말미암아 진정한 변화를 경험하고 싶습니다.

자신 1

내가 어떤 사람으로 비쳐질까?

"넌 누구니?"

갑자기 이런 질문을 받는다면 누구나 당황스러울 것이다. 뭐라고 대답해야 할지 선뜻 떠오르지 않는다. 특히 30대의 경우라면 더욱 그러하다. 청년이라고 하기에는 풋풋함이 사라졌고, 장년이라고 하기에는 뭔가 좀 어설프다. 심리학자들은 30대를 '미지의 시기'라고 정의 내린다.

사회학에서는 전체 인생 여정을 10세까지 변화가 큰 시기를 아동기, 10대 시절은 청소년기(혹은 사춘기), 21세부터 40세까지는 초기 성인기, 40세부터 50세까지는 중년기, 50대에 맞이하는 갱년기, 그리고 60대 이상을 지칭하는 노년기로 구분하고 있다. 그러나 30대에 대한 적절한 정의는 없다.

부모님이 보기에는 아직 어린아이 같은데, 아이를 낳아 기르는 등 부모 노릇을 해야 한다. 성인으로서 독립을 했기 때문에 경제적인 어려움이 닥쳐도 남에게 손을 벌리기가 쉽지 않다. 또한 경제적 안정을 위해 직장에 다녀야 하고, 살아온 날보다 아직 살아갈 날이 더 많기 때문에 엄혹한 현실 속에서 미래를 향해 발버둥치는 시기가 30대다. 그러다 보니 자기를 되돌아볼 기회는 별로 없고, 자신과 딸린 식구들을 위해 끊임없이 일해야 하는 고된 시기를 보내고 있는 것이다.

'자신이 누구인지,' 주변 사람들에게 '내가 어떤 사람으로 보이는지'에 대해 돌아볼 여력이 없는 상황에 직면해 있는 세대가 바로 30대라고 해도 과언이 아니다. 그러나 한 번밖에 없는 인생을 허비하지 않기 위해서는 자기반성에 익숙한 사람이 되어야 한다. 물론 30대가 당면한 이런 상황을 해결하기란 녹록치 않다. 일상생활 속에서 아무리 '나는 누구인가?'라는 질문을 던지며 자기반성을 해도 자신의 정체성에 대해 정확하게 결론을 내리기란 쉽지 않기 때문이다. 설령 나름대로 결론을 내렸다 해도 다시 한 번 곱씹어보면 자기 정체성을 찾았다고 말하기 어렵다.

이런 현실은 인생을 먼저 살아냈던 사람들에게도 똑같이 난제였던 모양이다. 실례로 1906년 2월 4일에 태어나 1945년 4월 9일 교수형에 처해지기까지 불꽃 같은 인생을 살았던 디트리히 본회퍼 Dietrich Bonhoeffer 목사에게서도 비슷한 경우를 발견할 수 있다. 나치가 국가주의 이념 하에 독일을 통치하던 시절, 이에 저항하며 독일

고백교회를 이끌었던 본회퍼는 감옥에서 쓴 『옥중서간』에서 "나는 종종 내가 어떤 사람인지 묻는다. 나는 끔찍스러웠던 고통과 경험으로 몸부림치고 있는 사람인가? 아니면 속으로는 고통스러우면서 다른 사람들에게는 (그리고 나 자신에게조차) 만족스럽고 명랑하고 편안한 척함으로써 사람들의 감탄을 자아내는 사람인가?"라고 스스로 묻고 있다. 여기에서 본회퍼의 정체성에 대한 고뇌를 엿볼 수 있다. 그리고 「나는 누구인가?」라는 제목의 시 말미에 다음과 같은 내용을 토로하고 있다.

> 나는 누구인가
> 내 안에서 비롯된 이 고독한 질문들이 나를 조롱한다
> 오 주님
> 제가 누구인지 당신은 알고 계십니다
> 저는 당신 것입니다

이 시는 절체절명의 순간에도 자신의 정체성을 잘 파악할 수는 없지만, 나를 지으신 하나님은 나를 누구보다 잘 아실 것이라는 고백이다.

성경을 보면 많은 인물들이 자신의 정체성을 묻는 장면이 나온다. 그중에 가장 대표적인 장면을 연출한 인물은 모세다. 당대의 최고 권위자 앞에 서라는 하나님의 말씀을 직접 들었으면서도 그는 이렇게 되묻는다. "내가 누구이기에 가야만 합니까?" 그때 하

나님은 자신의 정체성을 말씀하시면서 모세가 누구인지 해명해주신다.

30대! 적으면 적고, 많으면 많은 나이다. '당신은 누구인가'라는 질문을 받았을 때 자신 있게 '나는 이런 사람'이라고 명함 한 장 건네듯 자신을 소개할 수 있으면 좋겠지만, 우리에게는 그럴 수 없는 한계가 분명히 있다. 이때 나의 나 된 것을 파악하고, 그것을 정돈할 수 있는 유일한 길은 나를 지으신 하나님 앞에 엎드려 다시 묻는 것이다. 아무리 세상이 혼돈스러워도 "너는 바로 이런 사람이야"라고 말씀해주실 유일한 분은 전능자이신 하나님 한 분이시다.

모세가 하나님께 아뢰되 내가 누구이기에 바로에게 가며 이스라엘 자손을 애굽에서 인도하여 내리이까 하나님이 이르시되 내가 반드시 너와 함께 있으리라 네가 그 백성을 애굽에서 인도하여 낸 후에 너희가 이 산에서 하나님을 섬기리니 이것이 내가 너를 보낸 증거니라

출애굽기 3장 11~12절

"만물의 주권자이신 하나님!
솔직히 일상 속에서 저 자신이 누구인지
온전하게 알지 못하는 우둔한 자임을 고백합니다.
그러나 나를 지으셨기에
누구보다 저를 잘 아시는 하나님 앞에 다시 엎드립니다.
내가 누구이며, 이 시대에 어떤 사명을 감당하면서
살아가야 할 존재인지에 대한 정체성을 깨달을 수 있도록
자비를 허락하여주옵소서.
그리고 나의 정체성을 깨달았을 때 다시는 경험하지 못할
단 한 번뿐인 30대의 시간을 의미 있게 사용하는,
또한 사용할 수 있는 지혜를 허락하여주옵소서."

자신 2

나는 원래 그런 사람이다?

누구나 자신을 반성할 때면 나쁜 습관을 조금만 더 내려놓고, 좋은 습관을 유지하기 위해 힘을 기울였다면 하는 아쉬움이 남게 마련이다. 처음에는 사람이 습관을 만들고, 나중에는 습관이 사람을 만든다. 이처럼 습관은 한 사람의 품격과 가치를 결정한다. 우리말사전에서는 습관에 대해 '습관은 한 가지 일이 반복됨에 따라 마음과 몸에 길들여진 성질' 이라고 정의하고 있다.

단정적으로 말할 수는 없지만, 사실 타고난 기질보다는 제2의 천성이라 불리는 습관에 의해 사람의 품격과 가치가 결정되는 경우가 많다. 부부싸움도 따지고 보면 사소한 습관 때문에 벌어진다. 만날 양말을 뒤집어 벗어놓는 습관, 치약을 중간부터 짜서 사용하는 습관, 밤에 불을 켜놓고 자는 습관, 모임 시간에 조금씩 늦는 습관, 걸핏하면 울컥하여 핏대를 쉽게 올리는 습관 등 아주 다양하다. 그러므로 주변 사람들로부터 좋은 평판을 듣기 원한다면 잘못된 습관이 없는지 자신을 살펴볼 필요가 있다.

언젠가 지금은 고인이 된 유명 코미디언이 오랜 시간 동안 담배를 피우다 폐암에 걸려 투병 중이라는 내용의 TV 뉴스가 방영된 적이 있었다. 단순히 뉴스로만 취급되었다면 아무런 파장도 일어나지 않았을 것이다. 하지만 산소 호흡기를 꽂은 채 고통스러워하는 모습으로 "여러분, 담배 끊으세요. 담배 피우면 저같이 됩니다"라고 호소하는 그의 말은, 일파만파로 수많은 애연가들의 가슴을 뒤흔들어놓았다. 그 장면을 보고 가족들이 아무리 닦달해도 쉽게 끊지 못했던 담배를 끊었다는 사람들도 주변에 많이 있다.

"담배 끊는 사람은 독한 사람이므로 절대 사귀지 말라"라는 우스갯소리도 있다. 이렇게 젊은 시절에 호기심과 멋으로 담배를 피우기 시작했다가 인이 박여 끊고 싶어도 끊지 못하는 습관으로 굳어버린 경우처럼, 우리의 삶 속에서 잘못된 습관을 발견하기란 그리 어려운 일이 아니다. 불행한 것은 좋은 습관은 쉽게 포기하지만 잘못된 습관은 포기하기 어렵다는 것이다. 그래서 '가장 위대한 자기 혁신은 습관과 싸워 이기는 것'이라는 말이나 '나의 미래는 나의 작은 습관이 좌우한다'는 말을 다시 한 번 곱씹어볼 필요가 있다.

자신의 정체성을 형성하는 습관에 대한 긍정적인 측면과 부정적인 측면을 각각 살펴보자. 먼저 습관의 부정적인 측면을 살펴보면,

본인은 습관으로 굳어진 것이기 때문에 별것 아니라고 생각할 수도 있다. 하지만 그것으로 인해 주변 사람들에게 고통을 주는 사례가 많다. 미국의 예를 살펴보면, 자녀를 둔 부모의 경우 운전 습관을 다시 한 번 점검해볼 필요성을 느끼게 하는 자료가 있다.

지난 2002년 3월 29일 미국의 캘리포니아교통연구소와 샌디에이고 주립대가 10대 400여 명을 대상으로 설문조사를 했다. 그 결과, 남학생의 77퍼센트가 음주 운전이나 자동차 경주 등 난폭 운전을 해본 경험이 있다고 말했다. 그런데 중요한 것은 10대들의 난폭한 운전 습관은 부모로부터 보고 배운 것이라는 점이다. 설문에 응답한 학생들은 자신의 난폭한 운전 습관에 가장 영향을 미친 사람으로는 부모, 특히 아버지를 꼽았다. 습관의 부정적인 측면의 예가 어디 자동차 운전 습관뿐이겠는가?

그러나 습관이 꼭 나쁜 것만은 아니다. 좋은 평가를 받을 수 있는 습관도 있다. 단순히 습관적인 행동이어서는 안 된다는 전제가 붙지만, 매일 기도하기, 매일 말씀을 묵상하기, 꾸준하게 글쓰기, 손에서 책을 놓지 않기, 그리고 좀 가벼워 보일 수도 있지만 사람을 만나면 먼저 웃는 행동 등은 좋은 습관이다. 아무튼 미래의 성숙한 삶을 위해서 나쁜 습관을 빨리 버리고 좋은 습관을 체화시키는 것이 중요하다.

잘못된 습관을 버리는 데에는 두 가지 방법이 있는데, 먼저 부정적인 방식으로 잘못된 습관을 버리는 방법이다. 학창 시절에 똑같은 내용의 반성문을 수십 장 이상 팔이 떨어져나갈 정도로 적어본 경험이 있는 사람이라면 쉽게 이해할 수 있을 것이다. 반성문을 쓰면서 다시는 잘못을 저지르지 않겠다고 다짐했기에, 또한 반성문을 썼던 혐오스러운 기억 때문에 같은 잘못을 반복하는 빈도가 훨씬 줄어들게 한다. 마찬가지로 잘못된 습관을 반복할 때마다 그 습관에 대한 불쾌한 감정을 연상시키게 된다면 잘못된 습관을 버릴 수 있다. 만약 모임에 자주 지각하는 습관을 가졌다면 지각할 때마다 그 모임에서 드는 비용을 자신이 부담하겠다는 약속을 해도 좋다. 돈이 아까워서라도 어느새 지각과는 거리가 먼 사람이 될 것이다.

두 번째는 보다 긍정적인 방법으로 잘못된 습관을 고치기 위해 바람직한 행동을 했을 때마다 자신에게 적절한 보상을 주는 것이다. 예를 들어, 남성일 경우 퇴근 후 집에 들어와 양말을 뒤집어 벗어던지지 않은 날(물론 이렇게 하는 것이 정상이지만)은 부인으로부터 안마를 받는 식으로 부부가 서로 약속을 해보자. 긍정적인 움직임에 대한 보상의 기쁨을 누릴 것이다.

신약성경에는 천막을 짓는 직업을 가졌으면서도 복음을 전하는 과정에서 굶기를 밥 먹듯 하고, 궁핍함에 시달리고, 감옥에 갇히는 수모를 수없이 당했던 인물이 있다. 바로 사도 바울이다. 바울은 험악한 삶의 여정을 통해 어떠한 환경에서도 감사하는 법(자족하는 일)을 배웠다고 말한다. 바울이 배운 '감사하는 일체의 비결'은 진정으로 감사하는 마음이 얼마나 유익한지를 깨달음으로써 습관으로 굳은 데 있을 것이다.

한때 베스트셀러였던 『영혼을 위한 닭고기 스프』 중에 이런 말이 있다.

> 평범한 사람과 전사의 근본적인 차이는, 전사는 자기에게 일어나는 모든 일을 하나의 도전으로 받아들이지만, 평범한 사람은 행복이나 비극의 관점에서 받아들인다는 것이다.

삶의 과정 속에서 온갖 크고 작은 문제에 부닥치게 될 때마다 '나는 원래 그런 사람'이라고 포기해버리면 당장은 편할지 모른다. 그러나 당면한 문제들을 일종의 도전으로 간주하고 해결하기로 마음먹는다면, 성숙을 위해 끊임없는 싸움을 치러야 싸움터(세상)에서 더 큰 도전을 뛰어넘을 수 있는 저력을 구축할 수 있다. 그러므로 스스로를 돌아보며 잘못된 습관은 없는지, 그리고 남은 삶의 여정을 위해 자신 안에 체화시켜야 할 것은 없는지를 살펴보는 것이 무엇보다 중요하다.

내가 궁핍하므로 말하는 것이 아니니라 어떠한 형편에든지 나는 자족하기를 배웠노니 나는 비천에 처할 줄도 알고 풍부에 처할 줄도 알아 모든 일 곧 배부름과 배고픔과 풍부와 궁핍에도 처할 줄 아는 일체의 비결을 배웠노라

빌립보서 4장 11~12절

"나의 삶을 주관하시는 하나님!
하나님만이 저의 정체성을 형성하는 습관을
치유하고 회복시키실 수 있는 분임을 고백합니다.
이제 저의 내면과 외면에 있는 나쁜 습관을
부끄럽지만 하나님 앞에 내어놓습니다.
만지시고 고쳐주셔서 좋은 습관을 유지하게 하시고,
이 일을 통해 저의 가정과 소속해 있는 공동체가
기쁨과 유익을 얻도록 도와주옵소서."

자신
3

변화 없는 삶에 지쳐 있다면

요즈음 반복적인 일상 속에서 권태감을 호소하는 사람들을 자주 만난다. 한편으로는 산소 같은 신선함을 풍기면서 소생의 기쁨을 느끼게 해주는 사람들을 만나기도 한다. 우문 같지만 "어느 쪽이 더 좋은가?"를 자신에게 질문해 보자.

취직을 하고, 결혼을 하고, 아이들을 낳고, 소위 남들이 다 하는 길을 걸어가다가 문득 다람쥐 쳇바퀴 돌듯이 매일 반복되는 일상 속에서 점점 황폐해지는 자신의 모습을 발견하고는 일탈을 꿈꿔보는 때가 바로 30대다. 더욱이 빽빽하게 솟아 있는 빌딩 숲 속에서 생활하는 직장인들이라면 손톱만한 녹지만 보아도 무심결에 "아, 숨통이 트인다"라는 말을 내뱉게 된다.

매일 아침 똑같은 교통편을 이용해서 비슷한 작업 환경 속에 들어가 똑같은 일을 반복하다보면 '삶이 참 지루하구나' 하는 느낌에 사로잡히게 마련이다. 여행 상품 광고들은 이런 사람들의 심리를 이용해서 '무조건 떠나라'고 유혹하기도 한다.

또한 일상 탈출에 대해 유난히 강조하는 영화들이 많은 인기를 끌기도 했다. 개봉 후 우리나라 샐러리맨들에게 큰 인기를 끌었던 「반칙왕」이라는 영화는 샐러리맨들의 일상 탈출에 대한 기대를 잘 보여준다. 위에서 찍어 누르는 직장 상사의 폭압적인 태도에 스트레스를 받아가며 하루하루를 보내던 한 은행원이 레슬링이라는 탈출구를 통해서 일상의 나른함을 벗어던진다는 줄거리 자체는 단순하다. 그러나 '새로움'이라는 단어가 생활 사전 속에서 사라져버린 삭막한 현실에서 샐러리맨들에게 일상을 벗어버릴 수 있는 카타르시스를 맛보게 해준 영화였다.

사실 반복되는 업무와 일과는 사람을 지치고 짜증나게 만든다. 매일 일은 하지만 무엇을 위해 하는지 방향 가늠도 안 되고, 그 누구도 나의 수고를 알아주지 않는다는 데까지 생각이 미치면 허무감에 빠질 수도 있다. 심지어 전도서에 표현되어 있는 대로 "헛되고 헛되며 헛되고 헛되니 모든 것이 헛되도다"(전도서 1장 2절)라는 말을 입에 달고 사는 사람도 있다.

분명한 것은 모든 것을 던져버리고 산속이나 외딴 섬으로 들어갈 수 없는 것이 우리네 상황이다. 해 아래에서 일어나는 일을 한꺼번에 내가 마음먹은 대로 바꿀 수 없다는 것 역시 부인할 수 없는 현실이다. 자유인이라는 이름표(아니, 진정한 자유인은 이름표조차 달지 않을 것이라고 본다)를 단 채 살고 싶지만, 모든 일을 내려놓을 수 없는 것이 30대, 특히 생활인으로서의 우리 모습이다.

그렇다면 어떻게 해야 할까? 무엇보다 중요한 것은 생각을 고쳐먹는 것이다. 나는 힘들게 일하고 있는데 누구는 복권에 당첨되어 수십억 원의 당첨금을 받았다느니, 슬롯머신 앞에 앉아서 한 번 당겼을 뿐인데 수억 원이 쏟아졌다느니 하는 이야기는 우리를 의기소침하게 만든다. 그럴 때마다 희망 없는 자신의 현주소를 탓하면서 모든 것을 내팽개치고 새로운 길을 모색하고픈 생각이 문득문득 들 수도 있다.

그러나 곰곰이 생각해보라. 한꺼번에 수십억, 수백억 원을 버는 특수한 상황은 굳이 통계를 들먹이지 않더라도 말 그대로 특수한 상황에 불과하다. 이 말은 주어진 상황을 있는 그대로 수긍하면서 그 안에 머물라는 의미는 결코 아니다. 우리를 나태하게 만드는 상황이 여기저기 펼쳐져 있지만, 그것을 어떤 시각으로 바라보는가가 중요하다. 만약 지금 나를 사랑하는 사람이 나를 지켜보고 있다고 생각해보자. 여기에 더하여 우리에게 믿음이 있다면 나를 지으시고 나의 인생을 책임지시는 그분이 지금도 불꽃 같은 눈으로 나를 지켜보고 계신다는 것을 생각해보자. 일을 대하는 자세가 분명히 달라질 것이다.

실례로 남성들의 경우 중고등학교나 대학을 다닐 때, 축구 경기에 참여하거나 운동 시합을 해본 경험이 있을 것이다. 내가 출전한 축구 경기를 짝사랑하는 여학생이 바라보고 있을 때 어떻게 경기를 했는지 기억이 새롭지 않은가? 젖 먹던 힘까지 동원해 죽기 살기로 뛰었을 것이다. 지금 나를 사랑하는 아내와 남편이, 자녀들이, 무엇보다 살아 계신 하나님께서 지켜보고 계신다. 그러니 반복되는 일상이라도 어찌 즐겁지 않겠는가?

성경에도 이런 인물이 있다. 돌무더기밖에 남지 않은 자기 조국을 바라보면서도 아침마다 여호와의 자비와 긍휼이 무궁하심을 알기에 '아침마다 새로우시다'라는 고백을 드리던 인물, 바로 예레미야다. 조국인 유다와 예루살렘이 바벨론의 임금 느부갓네살에 의해 철저히 파괴된 이후, 예레미야는 '애가'(말 그대로 슬픈 노래)를 지어 자신의 마음을 표현했다.

구약성경 연구가들은 절망적인 탄식의 노래가 예레미야애가에 기록되어 있다고 전언한다. 이 슬픈 노래는 유대인들이 유대력으로 아브월(7, 8월)에 예배를 드릴 때 성전 파괴를 기억하기 위해 읽는다고 한다. 그런데 흥미로운 것은 예레미야라는 인물이 처절한 파괴의 현장에 서 있으면서도 하나님의 자비하심과 성실하심을 아침마다 '새롭게' 느꼈다는 점이다. 절망하며 탄식할 수밖에 없는 상황이지만 궁극적으로 하나님의 무궁한 은혜와 자비가 여전히 존재하기 때문에 소망을 가지게 된다고 고백한다. 지치고 나약해져서 절망할 수밖에 없는 상황에서도 무궁하신 하나님의 은혜와 자비를 믿기 때문에 소망이 있다고 선언한다는 것은 분명 쉬운 일이 아니었을 것이다. 그럼에도 예레미야의 고백은 당대에 산소 같은 삶의 정체성을 보여준 정수라고 할 수 있다.

지금도 상황은 마찬가지다. 모두가 고단하고 어렵다. 이런 상황에서 "소망이 여기 있습니다. 나를 보세요"라고 당당하게 외칠 수 있는 삶의 정체성을 가진 이들이 누구일까? 바로 하나님의 무궁한 자비하심과 은혜 주심을 믿는 그리스도인 외에 누가 있겠는가!

이것을 내가 내 마음에 담아 두었더니 그것이 오히려 나의 소망이 되었사옴은 여호와의 인자와 긍휼이 무궁하시므로 우리가 진멸되지 아니함이니이다 이것들이 아침마다 새로우니 주의 성실하심이 크시도소이다 내 심령에 이르기를 여호와는 나의 기업이시니 그러므로 내가 그를 바라리라 하도다 무릇 기다리는 자들에게나 구하는 영혼들에게 여호와는 선하시도다

예레미야애가 3장 21~25절

"자비와 긍휼에 풍성하신 하나님!

삶 속에서 소망과 힘을 잃어버릴 때가

한두 번이 아닌 부족한 존재가 바로 저 자신인 것을 고백합니다.

아무 가림 없이 하나님 앞에 저 자신을 내어놓사오니

하나님을 바라보는 저의 시각을 교정해주셔서

자비와 긍휼에 무궁하신 하나님을 모시고 사는 자가

바로 저임을 깨닫게 하여주옵소서.

그래서 저를 둘러싼 사람들이

저의 삶을 보고 하나님의 살아 계심을 확인하며

늘 새로운 소망을 얻게 하옵소서."

| **5장** |

내 앞길을 가르쳐주소서

prayers for vision

너무 답답해서 점이라도 보러 가고 싶을 때

하루하루 정신없이 바쁘게 살아가고 있다면

뜨거운 가슴으로 달려갈 만한 비전을 가졌는가?

거룩한 열정을 품는다는 것

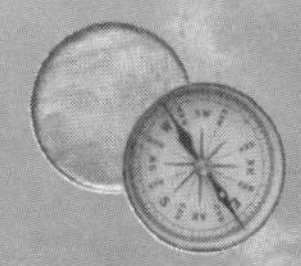

vision

답답한 취직, 불안한 직장 등 내 앞길이 어떻게 될지 모르겠습니다. 내 삶의 운명의 열쇠를 자신이 쥐고 있지 못하다는 사실이 힘들지만, 마음을 견고히 하고 최선의 길로 인도하시는 하나님의 이끄심에 순종할 수 있게 해주십시오.

비전 1

너무 답답해서 점이라도 보러 가고 싶을 때

인생은 언제나 선택의 연속이다. '오늘의 선택이 내일을 결정짓는다'는 말을 귀에 못이 박히도록 들으면서 자랐지만, 정말 두려운 것은 우리가 내일 일을 정말로 모른다는 사실이다. 어느 영화 속에 등장하는 인물처럼 1초 후에 일어날 일을 알 수만 있어도 천하를 호령할 수 있을 텐데 현실은 전혀 그렇지 못하다. 이런 형국이다 보니 미래에 대한 궁금증이 미래학으로 발전하기도 하지만, 도가 지나쳐서 미신적인 양상으로 번지는 것이 현실이다.

미래의 안위와 개인의 길흉화복을 내다보기 위해 지금의 우리 사회가 보여주는 양상을 살펴보면 상상을 초월한다. 점술과 운세에 의존하는 사회라는 것은 익히 알려진 사실이다. 게다가 무속행위가 위험 수위를 넘은 것은 각종 언론매체에서 운세와 역술 광고가 무시할 수 없는 광고주로 자리 잡았다는 사실로도 충분히 알 수 있다. 어이없게도 어느 점집 대문에는 '기독교인 우대'라는 웃지 못할 광고 문구까지 붙어 있다고 하니, 기가 막힐 노릇이다. 인터넷에서의 상황은 그야말로 점입가경이다. 인터넷에서 점을 보는 네티즌들이 폭발적으로 증가하고 있기 때문이다. 일명 '사이버 오컬트cyber ocult족'이라고 일컬어지는 이들은 매일 아침 인터넷을 통해 하루의 운세를 점쳐본다. 점집을 찾아가야 하는 번거로움 없이 언제 어디서나 컴퓨터만 켜면 이용할 수 있기 때문에 젊은 층을 중심으로 이용자가 늘고 있는 추세다. 심지어 기독교인들 중에도 인터넷을 통해 사이버 운세나 점을 보는 경우가 있어 문제의 심각성을 더하고 있다. 게다가 유료 전화 서비스로도 운세풀이를 해주고 있다. 사회가 어수선하고 젊은이들의 취업난이 가중되면서 한치 앞을 내다볼 수 없는 상황이 지속되면, 오프라인이든 온라인이든 역술이나 운세 산업은 활황에 활황을 거듭할 것이다.

2007년 말의 통계에 의하면 한국인 7명 가운데 1명은 혼자서 주말을 보내거나 여가를 즐긴다고 한다. 그런데 혼자 밥 먹고, 혼자 여행하고, 혼자 쇼핑하며 노는 사람들이 아무리 증가했다 해도 점집이 활성화되는 이유와 무슨 상관일까? 그것은 정신적인 허전함과 어디엔가 의지하고 싶은 마음이 사람들 마음속에 밀려오기 때문이다. 역사는 사회적 분위기가 불안하면 할수록 미래를 내다보는 산업이 활개를 친다는 것을 증언하고 있다. 그러나 사람들의 미래를 알게 해준다는 점집을 아무리 찾아다녀도 사람들의 내면에서 근원적인 변화와 치유가 일어날 리 없다. 그렇다면 이런 상황 속에서 그리스도인들은 자신의 미래를 어떻게 예측하고 준비하며 살아야 할까?

그리스도인들은 먼저 사람의 미래는 사람의 방법으로는 전혀 알 수 없다는 입장을 가질 수밖에 없다. 왜냐하면 온 우주의 미래뿐만 아니라 한 사람 한 사람의 미래는 만물을 쥐고 계신 하나님의 섭리 아래 있기 때문이다. 다시 말하면 하나님의 주권 아래 있는 것이 우리의 미래이기 때문에 그 누구도 예측할 수 없는 것이다. 그래서 야고보서 4장 14절에는 "내일 일을 너희가 알지 못하는도다 너희 생명이 무엇이냐 너희는 잠깐 보이다가 없어지는 안개니라"라고 선언한다.

다른 한편, 역설적인 것 같지만 하나님의 사람들은 자신을 향한 하나님의 뜻이 미래에 어떻게 진행될 것인지를 늘 확인해야 한다. 장래에 대해 바른 결정을 내리고, 바른 삶을 살기 위해서 하나님의 뜻을 발견해야 하는 것이다. 여기에서 우리에게 요청되는 것이 바로 '기도'다. 어느 날 빌리 그래함 목사가 한 집회에서 "목사님은 장차 올 미래에 대해서 많은 설교를 하셨는데, 그렇다면 목사님 자신의 미래에 대해서도 잘 알고 계십니까?"라는 질문을 받았다. 이 질문에 대해 빌리 그래함 목사는 "나는 나의 미래를 전혀 모릅니다. 그러나 한 가지 아는 것이 있습니다. 바로 나의 미래를 누가 붙들고 계시는가 하는 것입니다." 빌리 그래함 목사의 대답은 아주 적절했다는 생각이 든다. 같은 맥락에서 사도 바울은 우리의 미래와 관련해서 다음과 같이 말한다. "아무 것도 염려하지 말고 다만 모든 일에 기도와 간구로, 너희 구할 것을 감사함으로 하나님께 아뢰라 그리하면 모든 지각에 뛰어난 하나님의 평강이 그리스도 예수 안에서 너희 마음과 생각을 지키시리라"(빌립보서 4장 6~7절)

사실 사방이 꽉 막힌 상황에서 미래의 빛을 조금이라도 보기 위해 간절하게 이리저리 기웃거린다는 것은 인간적으로 아주 자연스러운 일이다. 그러나 미래가 하나님의 주권 아래 있는 것이라면 우리가 취해야 할 행동은 자명해진다. 주권자를 의지할 수밖에 없고, 주권자이신 하나님께서 그의 뜻을 분별할 수 있도록 제시해주신 기도자의 삶을 살아야만 하는 것이다.

제임스 패커는 "하나님께서 미지의 모든 것에 대한 열쇠를 갖고 계시니 나는 기쁘다. 만일 다른 사람이 그 열쇠를 쥐고 있거나 그 열쇠를 내게 쥐어준다면, 나는 슬픔에 잠길 것이다"라고 말했다. 우리의 미래를 여는 열쇠를 만물을 다스리시는 하나님이 가지고 계신다는 사실 때문에 우리가 안심할 수 있는 것이다. 그러나 미래에 관한 한 미련한 우리는 때때로 그 열쇠를 자신이 가지고 이 문 저 문 열어보려고 한다. 또는 지금 내가 있는 곳을 탈출하기 위해 그 열쇠가 내 손에 당장 필요하다고 하나님께 애걸하기도 한다. 설사 열쇠를 쥐고 미래의 문을 열었다고 해도 모든 문제가 해결되는 것이 아닌데도 말이다.

시대를 꿰뚫는 지혜를 간직한 사람이 기록한 것으로 알려진 전도서의 기록자는 "내가 마음에 두고 이 모든 것을 살펴 본 즉 의인들이나 지혜자들이나 그들의 행위나 모두 다 하나님의 손 안에 있으니 사랑을 받을는지 미움을 받을는지 사람이 알지 못하는 것은 모두 그들의 미래의 일들임이니라"(전도서 9장 1절)라고 고백한다. 작은 일이든 큰 일이든 우리의 미래가 누구의 손에 달려 있는가를 진지하게 생각해보자. 무작정 열심히 살 것이 아니라 사소한 미래의 일이라도 주권자이신 하나님께 맡기고 있다면 그 삶은 하나님의 인도하심을 받는 삶이 될 것이다.

사람이 마음으로 자기의 길을 계획할지라도 그의 걸음을 인도하시는 이는 여호와시니라

잠언 16장 9절

"모든 것의 미래를 주관하시는 하나님!
나의 가는 길을 주님이 모두 아시고 인도하심을 고백합니다.
이제 나의 계획대로 밀고 나가려고 하는
교만한 마음을 주님의 십자가 아래 내려놓습니다.
아직도 가야 할 길, 한 번도 가보지 않은 길이지만
주님을 신뢰함으로 날마다 승리하며 나아가게 하옵소서."

비전 2

하루하루 정신없이 바쁘게 살아가고 있다면

변화무쌍한 현실 속에서 휘둘리지 않고 제대로 중심을 잡기란 쉽지 않다. 기술연구직에 종사하고 있는 한 형제로부터 자신의 연구 분야에서는 오늘 생각한 것이 내일이면 다른 연구원에 의해서 현실화되어 나타난다고 한다. 때문에 "가히 생각하는 속도만큼 빠른 것이 현실"이라며 푸념하는 것을 들은 적이 있다. 때로는 감지하기 어려우리만큼 급속도로 변하는 세상 속에 내던져진 것 같다는 생각이 들기도 한다. 그래서 '늘 급하게 쫓기는 생활'이 삶의 표상처럼 되어버렸다.

느리고 우직한 소걸음이 더 가치 있다고 아무리 말해도 사회 전체가 변화 강박증에 시달리고 있는 듯하다. 이런 상황에 휘둘리지 않고 소신을 지키며 산다는 것은 쉽지 않다. 우리 주변이 얼마나 분주한가는 더 이상 말로 표현할 필요조차 없다. 국가 공동체를 비롯한 각종 공동체가 변혁이나 변화에 빠르게 대처하는 것을 보면 정신을 잃어버릴 정도로 부산스럽다. 이런 와중에 우리의 마음 역시 분주해질 수밖에 없는 실정이다. 그런데 문제는 모두가 바쁘게 움직이고 분주하게 발걸음을 옮기고 있지만, 과연 그것이 가치 있는 일인가에 대한 물음 앞에서는 모두 자신 없어 한다.

2009년 여름, 시카고의 윌로우크릭 교회에서 열린 '글로벌 리더십 서밋Global Leadership Sumit'에 참석하면서 이런 현실에 대해 나름 해결의 실마리를 발견한 적이 있다. 그때 윌로우크릭 교회의 담임 목사인 빌 하이벨스 목사로부터 우선순위와 관련한 아주 인상 깊은 이야기를 들었다.

공동체나 개인이 위기에 처했을 때 결단을 요청받는데, 그런 상황에서 결단의 기준은 세 가지라고 한다. 첫째로 절대로 포기하면 안 되는 본질적인 것이 있고, 둘째로 버려도 될 만한 것이 있으며, 셋째로 우선적으로 버려야 할 것이 있다는 것이다. 빌 하이벨스 목사는 이 세 가지를 기준으로 공동체나 개인과 관계된 일들을 재평가하고 제대로 정리하면 결코 실패하지 않을 뿐더러 위기 상황을 돌파할 수 있다고 제안했다.

"서둘러라, 그러나 허둥대지 말라!"는 유명한 경구가 있다. 그러나 현대인은 늘 급하게 쫓기는 삶을 살 수밖에 없고, 때로는 허둥대다 못해 미로 속에 갇힌 자아를 발견하곤 한다. 그 이유를 곰곰이 되짚

어보면 대부분 우선순위가 헝클어졌기 때문에 나타나는 현상이다. 이에 대해 예수님은 세상 사람들의 일반적인 우선순위는 "얼마나 좋은 옷을 입을까? 얼마나 맛있는 음식을 먹을까? 얼마나 좋은 집에서 살까?"(누가복음 12장 22절 참조)를 염려하는 것이라고 지적하신다.

정말 통속적인 세상은 시장에서 콩나물 값이나 깎으면서 졸렬하게 살지 말고 폼 나고 우아하게 사는 것이 삶의 우선순위라고 가르친다. 그러나 예수님은 신앙인들이 가져야 할 우선순위에 대해 다음과 같은 비유로 말씀하신다.

> 한 유력자가 큰 잔치를 배설하고 많은 사람들을 초청한다. 잔치가 시작될 시간이 점점 다가오지만 초청받은 이들이 모두 이유를 대며 초청을 거절한다. 어떤 사람은 밭을 샀기 때문에 불가불 나가 보아야 하겠다고 하고, 어떤 사람은 소를 사서 시험하러 간다고 한다. 또 어느 사람은 장가를 갔기 때문에 초청에 응하지 못하겠다고 한다. 과연 무엇이 더 급한 것인지 생각해보라.(누가복음 14장 16~20절 참조)

우리 자신의 삶을 되돌아보면 자기 기준으로 볼 때에는 긴급하고 중대한 일이지만, 주님의 시각에서 보면 더 긴급하고 중요한 일을 뒤로 제쳐놓고 있는지도 모른다. 일에 함몰되어 정작 돌아보아야 할 것은 잊고 있지는 않은지 점검해보아야 한다. 그리스도인이라면, 특히 예수 그리스도를 의지하는 사람이라면 예수님께서 '먼저'라고 강조하는 부분을 결코 놓치지 말아야 한다.

그런즉 너희는 먼저 그의 나라와 그의 의를 구하라 그리하면 이 모든 것을 너희에게 더하시리라

마태복음 6장 33절

“나를 누구보다 잘 아시는 주님!

복잡다단한 상황 속에서

무엇을 우선순위에 놓아야 할지 혼란스럽고 고민스럽습니다.

그러나 주님이 ‘먼저’라고 말씀하시는 것에

집중하고 민감하기를 원합니다.

오늘날 세상의 우선순위와 기준으로 따져볼 때

주님께서 ‘먼저 하라’고 말씀하시는 것에 순종함으로써

비록 손해를 보는 일이 발생할지라도 실행할 수 있는

지혜와 은혜를 허락하여 주옵소서.”

비전 3

뜨거운 가슴으로 달려갈 만한 비전을 가졌는가?

"인생, 다 그런 거지 뭐. 적당히 살다가 가는 것이 인생 아니겠어." 이렇게 이야기하면서 바람 부는 대로, 길 열리는 대로 살아가는 부평초 인생을 살 수도 있다. 그러나 단 한 번뿐인 인생을 이렇게 허비하기에는 뭔가 아쉬운 생각이 든다. 자신의 관심과 의식, 삶의 방향과 방식을 결정짓는 비전을 가지고 있다면 큰 복을 받은 사람이다. 그러므로 스스로에게 "아침에 눈을 뜨는 기적을 맞이할 때마다 나의 가슴을 뛰게 하고, 마음을 설레게 하는 비전이 무엇인가?"를 질문하는 일은 아주 중요하다.

그런데 가끔 후배들이나 동료들과 이야기를 나눌 때 비전에 관한 이야기를 들으면서 이건 아닌데 하는 생각이 들 때가 종종 있다. 말은 열정적으로 하지만, 일생을 두고 열정을 품을 만한 비전이라기보다 성취하고 나면 허망해질 수밖에 없는 야망인 경우가 많기 때문이다. 예를 들어, 5년 안에 몇 억을 손에 쥐겠다든가, 입사한 직장에서 몇 년 안에 리더의 자리에 오르겠다고 큰소리치는 경우다. 물론 아무 꿈도 없는 것보다 분명한 목표를 세우고 달려간다는 것은 좋은 일이다. 그러나 비전을 이야기할 때 중요한 것은 내가 세운 비전이 하나님의 뜻과 일치하는가 하는 점이다. 열정을 품고 달려가는 비전이 하나님께서 기뻐하시는 계획과 합치하는 것인지를 생각해보아야 한다. 그러므로 "생명을 다해 달려갈 만한 가치를 지닌 비전을 가지고 있는가?"라는 질문과 더불어 스스로에게 확인해야 할 질문은 "그 비전이 하나님의 뜻과 합치하는가?"이다.

분명한 것은 푯대(비전) 없이 표류하는 인생보다 뚜렷한 비전이 있는 인생은 분명히 복 받은 삶이다. '볼 수는 있지만 아무런 비전도 없다면 이는 시력을 잃는 것보다 더 불행한 일'이라는 헬렌 켈러의 말은 이런 점에서 시사하는 바가 크다.

비전을 가진 사람은 비전이 없는 사람이 보지 못하는 것을 볼 수 있다. 그러나 우리가 당면한 현실을 냉철하게 살펴보면 어린 시절에 가졌던 꿈은 이제 희미해져버렸고, 현실에 부대껴 살다보니 비전이란 단어는 청소년들에게나 어울리는 말로 치부해버린다. 30대를 훌쩍 넘긴 사람들에게 '꿈' 혹은 '비전'이라는 말은 우리의 삶과 동떨어진 사문화된 단어처럼 여겨진다.

그러나 성경은 분명히 "꿈이 없는 백성은 망한다"(잠언 29장 18절)

고 선언한다. 비전이 없으면 마음에 정한 것도 없으니 무계획적으로 살 수밖에 없고, 결국은 시간을 낭비하게 된다는 말이다. 역사는 우리에게 아무리 어려운 일을 감당해야 하는 상황이더라도 비전이 선명하다면 인내하고 감당해낼 수 있다고 말한다. 이런 점에서 버락 오바마가 미국의 최초 유색인 대통령으로 당선된 것은, 고통 속에서 "나에게는 꿈이 있습니다"라는 예언적 연설을 했던 마틴 루터 킹 목사가 있었기에 가능했다는 생각이 든다.

> 언젠가는 피부색으로 평가받지 않고 인격을 기준으로 평가받는 세상에서 살게 되리라는 꿈, 검은 아이들이 흰 아이들과 손을 맞잡고 형제자매로 함께 걷게 되리라는 꿈, 모든 사람이 품위 있게 살 수 있는 날이 오리라는 꿈, 모든 사람은 평등하게 태어나 창조주로부터 생명, 자유, 행복 추구 등 양도할 수 없는 권리를 받았다는 진리를 인정하게 되는 꿈.

비전을 잃지 않았던 선배의 예언적 외침은 마침내 미국 역사를 바꾸어놓는 결과를 낳았다.

그렇다면 그리스도인이 품어야 할 비전이란 무엇인가? 그것은 바로 하나님과 우리 자신, 그리고 우리가 처한 상황에 대한 정확한 이해를 바탕으로, 우리가 바라는 미래의 모습을 마음속에 그림처럼 선명하게 그려주신 하나님의 뜻에 따르는 것이라고 정의할 수 있다. 그리고 그 그림은 세상의 어느 누구의 그림과도 일치하지 않는다는 사실에 유념할 필요가 있다. 이 땅의 수많은 사람들이 나름의 비전을 가지고 있지만 쉽게 지치고 중간에 포기하는 경우가 많다. 그것은 자신을 향한 하나님의 뜻을 제대로 발견하지 못하고 무턱대고 달리거나, 다른 사람의 목표를 자기의 것으로 착각하고 있기 때문이다.

사실 60억이 넘는 세계 인구 가운데 자신과 닮은 사람은 있을지 모르지만 똑같은 사람은 단 한 사람도 없다. 쌍둥이조차 똑같지 않다. 하나님께서 사람을 개별적으로 창조하시고, 각 사람을 개인적으로 다루신다는 것을 감안한다면 나를 향한 하나님의 계획 역시 독특할 수밖에 없다. 그러므로 이 세상에 나밖에 할 수 없는 일을 발견하고, 어떤 이유로도 거부할 수 없는 일이 있다면 그것이 나의 비전인 셈이다. 도무지 이루지 못할 허황된 무지개를 좇거나, 자신의 이기적 욕구를 채우기 위해 물불을 가리지 않거나, 거름 지고 시장에 가듯 다른 사람의 비전을 나의 것으로 착각한다면 그것은 그릇된 야망이요 헛된 망상에 지나지 않는다.

그러므로 자신이 속해 있는 공동체를 위해서라도 바른 비전이 필요하다. 한 치 앞도 내다볼 수 없는 불투명한 미래를 향해 나 자신과 내가 속해 있는 공동체를 이끌어줄 명확한 길을 발견하고 영감을 얻기 위해서라도 비전은 반드시 필요한 것이다. 만약 비전이 없다면 어디로 가야 할지, 어디로 가고 있는지 아무런 감을 잡을 수 없다. 그렇기 때문에 내가 가진 내적 잠재력을 발견하고, 열정을 품고 순간순간 최선을 다해 경주하며, 오늘 주어진 시간을 어떻게 활용할 것인지 구체적인 전략을 수립하기 위해서 비전은 반드시 필요하다.

우리 삶의 여정은 어떤 의미에서 늘 문제에 봉착하는 과정이다. 그래서 한 고비를 넘기면 또 한 고비가 기다리고 있다. 만약 우리 앞을 가로막는 문제만 바라본다면 한숨과 좌절이라는 먹구름이 우리의 삶을 뒤덮을 수밖에 없다. 그러나 이룰 수 있다는 믿음 속에서 비전을 가진 사람들이라면 새 힘을 얻을 수 있다. 특별히 하나님께서 원하시는 일이고, 명확한 전략을 수립할 수 있다면 더욱더 역동적인 삶을 살 수 있을 것이다. 이런 의미에서 나이를 먹을수록 삶 속에서 비전을 세우는 일은 아주 중요하다.

그렇다면 어떻게 실현 가능하고 구체적인 비전을 세울 수 있을까? 무엇보다 중요한 것은 우리의 비전이 현실적이어야 한다는 점이다. 현실성에 바탕을 둔 비전이 얼마나 중요한가에 대해 C. S. 루이스는 『스크루테이프의 편지』에서 우화를 통해 교훈을 주고 있다. 베테랑 마귀가 햇병아리 마귀에게 마귀짓을 쉽게 할 수 있는 방안을 조언해주는 장면에서 다음과 같이 말한다.

> 사람들, 특히 장래가 확정되지 않은 젊은이들에게 앞으로 무슨 일이 일어날 것인가에 관심을 집중하도록 유도해보게. 현재 그들이 당장 해야 하는 일이나 늘 하고 있는 일들보다 장래에 발생될 일들에 초점이 맞춰질 때 우리 일은 훨씬 쉬워진다네.

현실에 뿌리박지 않은 비전은 그저 망상에 지나지 않는다는 것을 깨우쳐주는 대목이다. 현실적일 때 구체적인 전략을 세울 수 있다. 그 전략을 성취하기 위해 요청되는 것은 대가를 지불하는 삶이다. 아마도 이 대목에서 비전이 헛된 꿈으로 전락하는 경우가 많을 것이다. 그러나 희생이라는 대가를 지불하지 않고 비전을 이루겠다는 것은 요행 심리에 불과하다. 대가를 집중력 있게, 성실하게 지불한다면 비전은 현실이 될 것이다.

내가 서 있는 현실의 자리에서 나만이 할 수 있는 비전을 발견하고, 그 비전을 구체화하기 위해 대가를 지불하는 삶을 생각할 때는 가슴이 두근거린다면 그것은 분명 복 받은 삶이다. 호흡이 있는 한 늦지 않았다. 내가 잘 할 수 있고, 나만이 더 잘 할 수 있는 일들 가운데서 비전을 발견하자. 그리고 그 비전을 이루기 위한 대가가 있다면 과감하고 성실하게 지불하면서 자신을 준비하고 단속하자.

푯대를 향하여 그리스도 예수 안에서 하나님이 위에서 부르신 부름의 상을 위하여 달려가노라

빌립보서 3장 14절

“나를 특별하게 다루시는
만물의 주권자이신 하나님!
한 번뿐인 인생을 달려가면서
온 세상이 무너져도 포기하지 않아야 할
하나님께서 주신 가치 있는 비전을 소유하게 되기를 원합니다.
때로는 비전을 성취하는 과정에서
치러야 할 대가도 있겠지만
목숨을 바쳐도 아깝지 않은 비전 때문에
날마다 가슴 두근거리는 새 아침을 맞을 수 있는
열정 넘치는 삶을 살게 해주옵소서.”

비전 4

거룩한 열정을 품는다는 것

세상에서 제일 먼 거리의 여행길은 어디와 어디 사이일까?

대답은 '머리에서부터 가슴까지의 여행'이다. 그런데 이보다 더 먼 여행길이 있다. 바로 '가슴에서부터 발끝까지의 여행길'이란다. 목사님 한 분에게 "언제부터 신앙생활을 하셨습니까?"라는 질문을 받았다. 나는 그냥 별다른 생각 없이 "모태신앙입니다"라고 대답했다. 그랬더니 한참이나 지난 뒤에 그 목사님 하시는 말씀이 "모태신앙이라……. 모태신앙은 '아무것도 못해 신앙'이거나 '못된 신앙'이야"라는 것이다. 이 이야기를 들으면서 얼마나 뜨끔했는지 모른다. 어떤 깊은 경험에서 하시는 말씀인지는 모르지만 속으로 대략 짐작은 갔다. 머리는 큰데 가슴이 없는 사람, 지식은 많은데 행함이 없는 교인, 신앙 이력은 긴데 헌신이 없는 신앙인을 빗대어 한 이야기로 해석할 수 있다.

일반적으로 헌신이라고 하면 주로 예배에 잘 참석하고, 교회의 교육기관이나 부서에 소속되어 주님을 잘 섬기는 것으로 이해한다. 물론 헌신에 대한 이런 이해가 반드시 잘못되었다고 말할 수는 없지만, 이는 헌신의 의미를 반만 알고 있는 경우다. 하나님께서 복음을 통해 우리를 그의 자녀로 부르신 이유는 궁극적으로 예수 그리스도께서 영광을 얻게 하시기 위함이라고 데살로니가후서 2장 14절에서 언급하고 있다. 만약 온 세상의 주권자 되시는 예수 그리스도께서 우리를 통해 영광 받으시기를 원한다면, 그리스도인의 생활 영역이 단순히 주일예배나 교회활동으로 그쳐서는 안 된다. 진정한 의미의 헌신은 예배와 교회 봉사의 차원을 넘어서 온 세상으로 영역을 확대시켜야 한다. 이런 의미에서 우리는 전문적으로 교회 사역을 하는 목회자가 아니기에 바로 나 자신의 행동이 주님께 영광을 돌릴 수 있는 영역이 되어야 한다.

그러나 이런 헌신을 삶의 현장에서 적극적으로 표현한다는 것은 그리 쉬운 일이 아니다. 그래서 도망 가고 싶기도 하고, 때로는 "하나님, 잠깐만 눈 좀 감아주십시오"라고 하면서 타협하고 싶은 충동을 느끼곤 한다. 사실 죄악의 속도가 점점 가속화되고 있는 세상에서 거룩한 비전을 품고 그리스도인답게 열심히 살아간다는 것은 두려운 일이기도 하고, 취하기 싫은 일일 수도 있다. 또한 다른 사람들은 그리스도인이라고 티내지 않으면서도 잘 사는데 나만 티를 내며 산다는 것이 마음에 썩 내키지 않을 수도 있다. 그러나 우리가 진정한 그리스도인이라면 일상의 삶 자체가 거룩한 비전의 현장이어야 한다. 이런 점에서 『참으로 해방된 평신도』의 저자인 폴 스티븐스Paul Stevens 박사의 다음과 같은 말을 마음에 담아둘 필요가 있다.

> 휴대전화를 제작하고, 가족을 위해 식사를 준비하고, 예술 작품을 디자인하고, 공장에서 자동차를 만드는 일 모두가 하나님의 일, 곧 사역이다. 사역이란 교회 사역만이 아니라 하나님과 하나님의 목적을 섬기는 것이다. 하나님 이름으로 말씀을 전하는 것뿐만 아니라, 잠재적인 창조력을 개발하고, 인간의 삶을 개선하는 모든 좋은 일이 그분의 일이다. 하나님이 이 세상을 유지하고 새로운 것을 만들어내고 고치는 그 모든 일을 원하시기 때문이다. 그렇기 때문에 그들이 하나님의 일을 하고 있다는 사실을 깨닫는다면 큰 변혁이 일어날 것이다. 하나님의 일을 하는 모든 사람이 전임사역자다.

만약 그리스도인들이 직장 공동체에서 도덕적 영향력을 제대로 행사하지 못할 때, 그리스도인들이 대중매체와 연예 분야에 더 이상 관심을 두지 않을 때, 그리스도인들이 정치를 외면하고 직접 투표에 참가하지 않을 때 과연 어떤 일이 벌어질까? 물론 당장은 표가 나지 않을 것이다. 그러나 그렇게 외면하고 불참하는 순간부터 정의와 거룩성은 점점 소멸되기 시작하고, 하나님이 기뻐하시는 모습과는 전혀 다른 방향으로 세상이 돌아가는 것을 목격하게 될 것이다. 교회 안에는 수많은 목회자들과 직분자들 그리고 성도들이 있지만, 우리가 6일 동안 생활해야 하는 사회에는 더 이상의 거룩한 하나님의 백성들이 없다는 것을 알고 있다. 그러다 보니 우리가 속해 있는 공동체의 혼란스러움은 더욱 극으로 치닫고 있다. 우리가 서 있는 곳이 어디든, 어떤 시간이든 왕 같은 제사장이요 거룩한 하나님의 자녀임을 표현하며 살아가야 한다. 한마디로 교인은 많지만 거룩한 하나님의 자녀는 없는 이 시대에 그리스도인이라면 자신이 서 있는 곳을 거룩하게 가꾸기 위해 노력하고 있는지 점검해야 한다. 물론 그 과정이 힘들고 어려울 수도 있다. 그러나 힘들다고 해서 포기하면 안 된다는 것을 우리는 이미 잘 알고 있다.

그리스도인을 '하나님과 같은 시각을 가지기 위해 애쓰는 사람'이라고 일컬어도 틀린 말은 아니다. 마찬가지로 하나님께서 기뻐하시는 것에 대해 기뻐하고, 하나님이 안타까워하시는 것에 대해 안타까워하는 사람이 되고자 애쓰는 과정을 신앙생활이라고 해도 과언이 아니다. 그렇다면 하나님이 가장 기뻐하시는 것, 또 안타까워하시는 것은 무엇일까? 누가복음 15장에서 예수님은 잃은 양 한 마리와 잃어버린 동전, 돌아온 탕자의 비유를 통해 하나님께서 가장 관심을 두실 뿐 아니라 가장 기뻐하시는 일은 아직 하나님의 품으로 돌아오지 않은 영혼이라는 것을 아주 드라마틱하게 확인시켜주신다. 그러므로 우리가 삶의 현장에서 주님을 기쁘시게 하는 그리스도인이 되기 위해 우리 역시 그 사실에 관심을 가져야 한다는 것이 분명해진다. 잃어버린 영혼에 대한 거룩한 부담감을 가져야 한다는 것이다. 이것을 굳이 자주 듣는 한 단어로 표현하자면 '전도'다.

가만히 생각해보면, 아무리 한꺼번에 수십만 혹은 수백만 명을 회심시킬 수 있는 위대한 설교자라 하더라도 그의 설교를 들을 수 있는 자리까지 인도하는 무명의 전도자가 존재하지 않는 한 회심이나 결신을 가능케 할 수는 없다. 아무리 위대하고 능력 있는 목회자라 할지라도 지금 내가 일하고 있는 자리까지 와서 효과적으로 복음을 전하는 일은 어렵다. 그러므로 내가 일하는 현장에서의 잃어버린 영혼들을 향한 '전도'라는 거룩한 사명은 다른 이가 아닌 바로 나에게 주어진 것이다.

그렇다면 우리의 주위에 있는 잃어버린 영혼들에게 어떤 자세를 취해야 할 것인가? "교회 다니는 사람들이 더 지독해"라는 말을 듣고 있는 이상, 그런 사람들에게 예수님을 소개한다는 것은 거의 불가능하다. 자기 것 챙기는 데는 탁월하고 자기희생에 대해서는 인색한 사람이 예수님의 십자가 희생을 말한다는 것은 전혀 앞뒤가 맞지 않기 때문이다. 그러므로 전도를 멀고 크게 생각할 것이 아니라, 하나님이 그렇게 기뻐하시고 안타까워하는 잃어버린 영혼들을 위해 그들의 '좋은 이웃'이 되어주는 것이다. 이에 대해 사도 바울은 "스스로 모든 사람에게 종이 된 것은 더 많은 사람들을 얻고자 함이라"(고린도전서 9장 19절)고 선언하기도 했다.

결국 내가 어떤 위치에 서 있고, 삶의 형편이 어떠하든 그곳은 나의 신실한 삶을 통해 하나님을 대변하는 현장이 되어야 한다. 그래야 '뜻이 하늘에서 이루어진 것같이 땅에서도 이루어지는 현장'이 될 수 있다. 중국의 소수민족들을 위해 헌신했으며 중국내지선교회의 창립자인 허드슨 테일러는 "작은 일은 작은 일이다. 그러나 작은 일에 신실한 것은 큰 일이다"라는 말로 일상 속에서 거룩의 비전을 품고 살아가는 것이 얼마나 중요한지를 강조했다. 나의 주변을 거룩한 곳으로 만들기 위해서 어떤 의식을 가지고 살아가고 있으며, 지금 내가 선 곳에서 거룩한 존재로 인정받으며 살고 있는지 다시 한 번 스스로에게 물어볼 일이다.

그러나 너희는 택하신 족속이요 왕 같은 제사장들이요 거룩한 나라요 그의 소유가 된 백성이니 이는 너희를 어두운 데서 불러내어 그의 기이한 빛에 들어가게 하신 이의 아름다운 덕을 선포하게 하려 하심이라

베드로전서 2장 9절

"나를 거룩한 하나님의
자녀로 삼아주신 주님!

주님께서 나에게 주신 일과 삶에 감사를 드립니다.

이제 내게 베풀어주신 모든 것들을

나 혼자만 즐기고 만족하는 데 그치지 말게 하시고

하나님의 거룩한 뜻을 이루는 데

도구로 사용되는 은혜를 허락해주옵소서.

거룩의 열정을 품고 움직일 때마다

주변 사람들에게 선한 영향력이 끼쳐지게 하셔서

저의 삶의 현장이 하나님을 드러내는 현장이 되게 하옵소서."

| 6장 |

솔직히 나도 성공하고 싶다

prayers for self-improvement

성공한 그리스도인이어야 복 있는 사람일까?

의인은 일곱 번 넘어질지라도 다시 일어나려니와

지혜와 지식을 구한다는 것

시대의 변화에 대처하는 자기계발을 하는가?

self-improvement

성공하는 크리스천이 되고 싶은 것이 진심입니다.
하지만 정체된 듯한 자신을 보면서 좌절하기도
합니다. 커리어로서의 실력만이 아니라
생각과 마음과 은사까지 계발이 될 수 있도록
지평을 넓혀주시고, 그러한 성숙이 이웃과 함께
나눌 수 있는 성공이 되기를 원합니다.

자기계발 1

성공한 그리스도인이어야 복 있는 사람일까?

"주님, 성공하게 하소서. 높은 자리에 오른다는 뜻이 아니라, 제 삶이 하나님을 아는 가치를 드러내는 전시품이 되게 하소서."

『전능자의 그늘』에서 짐 엘리엇 선교사의 이 같은 고백은 그리스도인들로 하여금 어떤 것이 진정한 성공인가를 깊이 묵상하게 만든다. 사실 단정적으로 말하면 타인이나 제3자로부터 "저 사람 성공했다"라는 말을 듣는 것만큼 사람들의 마음을 들뜨게 하고 뿌듯하게 만드는 것도 없다. 분명히 '성공했다'는 말 자체는 나쁜 것이 아니며, 오히려 그런 말을 듣는 것은 좋은 일이다. 그러나 조금만 눈을 떠서 주위를 돌아보면, 성공에 관한 현대인들의 관심은 진정한 성공에 대한 것이라기보다 성공지상주의에 매몰되어 있다. 할 수 있는 한 최고가 되어야 한다는 의식, 성공을 위해서라면 수단과 방법을 따지지 않는 행동은 여러 가지 사회적 병리 현상을 일으켰다.

돌이켜보면 어린 시절부터 가졌던 무엇을 하든지 '남들보다 조금이라도 나아야 성공한 것'이라는 생각은 성장해가면서 많은 부작용을 낳았다. 실례로 다음과 같은 상황을 머릿속에 한번 그려보자. 초등학교 2학년 아이가 학교에서 시험을 치렀는데 오랜만에 100점을 맞았다. 아이는 기뻐서 어쩔 줄 몰라 하며 붉은 펜으로 '100점'이라고 큼지막하게 쓰인 시험지를 흔들면서 집으로 뛰어들어와 외친다.

"엄마, 엄마! 나 오늘 100점 맞았어."

엄마는 무어라고 대답할까? 당연히 "그래, 정말 잘했네. 우리 아들 정말 장하다"고 대답하는 것이 사리에 맞지 않은가! 그런데 현실은 그렇지가 않다.

"그래, 오늘 시험이 쉬웠나보구나. 옆집 아무개는 몇 점 맞았니?"

순간 무릎에 힘이 쫙 빠지는 경험을 해본 적이 있는지 모르겠다. 그리고 "누구 이야기냐?"고 묻지는 말았으면 좋겠다.

남들보다 조금이라도 뒤떨어진 듯하면 불안감을 감추지 못하고, 직장에서 동기들보다 승진이 조금이라도 늦으면 인생 종終 친 것같이 느끼는 게 우리의 현실이다. 왜 그런가? 일차적인 원인은 횡적인 사고보다 종적인 사고에 익숙한 사회 풍토 때문이다. 처음 사람을 만나면 그 사람이 얼마나 직급이 높은 사람인지 알고 싶어 하고, 또 그것을 기준으로 인물을 평가하는 데 익숙하다. 지금 하고 있는 일이 무엇이고, 지위는 어느 정도이며, 학벌과 출신 학교, 심지어 이름난 사람 중 누구누구와 연줄이 닿는가를 따지는 종적인 서열에 관심을 기울이고 있는 것이다. 날이면 날마다 성공의 비결을 가르쳐준다는 성공 지침서와 자기계발서가 서점에 신간으로 깔리고, 성공이 아예 학문으로 자리를 잡아 '성공학'으로 대접을 받는 것은, 오늘날 우리의 자화상을 반영한 것이라는 생각이 든다.

'성공 강박증'에 시달리는 우리 사회에서는 어느 조직에서건 1등이나 수석首席을 못하면 쓸모없는 사람으로 취급당하기 일쑤다. 2등이란 부끄러워해야 할 순위라는 것이다. 무엇을 하든지 최고가 되어야 하고, 차석次席이나 2등만 하는 사람, 혹은 직급이 높더라도 그 앞에 부副자가 붙는 사람은 성공하지 못한 사람이라는 등식이 우리 사회의 분위기다. 그러다 보니 가만히 있으면 도태될 것 같고, 무엇이든 완벽하게 처리해야 할 것 같은 분위기에 편승하게 된다. 나아가 마침내 목표 지점에 도달했어도 또 다른 성공 지점을 향해 달려야만 하는 '성공 강박증'에 내몰리게 마련이다.

그런데 이런 종적인 성공 기준은 그리스도인에게도 예외 없이 적용된다. 대학 졸업 후 공무원 생활을 하다가 30대 중반에 다시 국가고시를 준비하고 있는 한 형제와 이런저런 이야기를 나눈 적이 있다. 대학교 때 한 번 도전했다가 포기하고 공무원이 되었는데, 나이가 들수록 대학 동기들에 비해 뒤처져 있는 자신이 싫다는 것이다. 고민 끝에 직장을 그만두고 국가고시 공부를 하고 있지만, 시간이 지날수록 집중력이 떨어지고 초조하기 이를 데 없다고 한다. 부인과 아이들에게 부쩍 짜증을 내게 되고, 끊었던 담배 생각도 절실하다고 한다. 얼마 전에 아들이 자전거를 타다가 다쳐서 병원에 입원했을 때에는 가족이 걸림돌이 된다는 생각에 짜증을 내는 자신을 발견하고 깜짝 놀란 적이 있다고 이야기했다.

세상은 우리에게 '성공한 사람'은 남들보다 공부를 많이 하고, 재주가 많고, 빠른 속도로 높은 자리에 오르고, 경제적으로 풍요롭고, 남들보다 강한 존재라고 가르친다. 보편적으로 이 말은 옳다. 그러나 하나님은 이런 성공이 삶의 조건을 모두 충족시킨다고 말씀하시지는 않는다.

요셉이라는 사람을 보자. 그는 성경 속에서 성공한 인생을 살았던 대표적인 인물로 꼽힌다. 그러나 그의 초기 인생 여정은 '성공'이라는 단어와는 별로 상관이 없는 삶이었다. 아버지에게 귀여움을 받다가 형들의 시기로 버림을 받고 타국으로 팔려갔기에, 보편적 성공의 기준으로 보자면 그는 성공한 축에 들지도 못한다. 그럼에도 불구하고 그는 성경에서 대표적으로 성공한 사람으로 평가받는다. 인생을 열어가는 시기에 별 볼일 없었던 사람이 성공한 사람으로 소문난 이유가 못내 궁금하다. 창세기 39장은 요셉의 주인이었던 보디발의 입을 빌려 그가 타국에 팔려온 종으로서, 요셉의 삶을 형통하게 하시는 하나님을 보았다고 기록한다. 또한 보디발은 요셉에게 자신의 모든 소유물들을 관리하도록 했는데, 요셉으로 인하여 자신의 집과 밭에 있는 모든 소유물에 복이 임했다고 전언한다.

그리스도인으로서 성공을 했다는 것은 돈을 많이 벌고 다른 사람보다 우위에 있다는 것을 의미하지 않는다. 결국 그리스도인으로서 성공한 사람이란 자신의 우월함을 주변 사람들에게 보여주는 사람이 아니라, 자신으로 인해 다른 사람들도 복을 얻게 하는 사람을 뜻한다.

이런 점에서 전도서는 올바른 성공의 기준을 우리가 익히 알던 것과는 다르게 정의를 내린다. 전도서 9장 10~12절에 따르면 인생은 한 치 앞을 내다볼 수 없는 안갯길을 걷는 여정인 만큼 빨리 달린다고 꼭 1등만 하는 것은 아니라고 말한다. 또한 힘이 있다고 항상 전쟁에 승리하는 것도 아니며, 머리가 좋거나 많이 공부했다고 해서 부자가 되거나 성공하는 것이 아니라고 말한다. 학창시절 공부 잘했던 친구들이 세상의 잣대로 성공하는 인생을 살아갈 확률이 높은 것은 사실이지만, 반드시 공부 1등이 사회생활에서도 1등이라고는 말할 수 없다. 이 말씀을 따라 성공의 기준을 생각해보면, 미래에 일어날 성공과 실패는 내 마음대로 좌우할 수 없는 것이므로 겸손한 자세를 취할 필요가 있다는 것이다.

그렇다면 성공과 실패를 내 마음대로 할 수 없기 때문에 그냥 막 살아도 괜찮은 것일까? 성경은 여기에 대해서도 "손을 게으르게 놀리는 자는 가난하게 되고 손이 부지런한 자는 부하게 되느니라"

(잠언 10장 4절)고 대답한다. 장차 성공한 사람이 될지 실패한 사람이 될지는 아무도 알 수 없지만, 자신의 은사를 발견하고 최선을 다해 성실하게 살 경우 성공할 비율이 높다는 것은 성경이 제안하는 또 하나의 올바른 성공 기준이다.

이런 성공 기준과 더불어 한 가지 빼놓을 수 없는 사실은, 만물을 쥐고 계시는 주권자 하나님의 손길을 의식하는 것이다. 성공하기 위해 자신의 재능을 총동원하여 노력하지만 우리가 겸손해질 수밖에 없는 이유는 여기에 있다. 모든 때를 주관하시는 분이 바로 하나님이시기 때문이다. 잠언을 기록한 지혜로운 이는 16장 9절에서 아무리 사람이 마음속으로 할 일을 계획하더라도 그것을 하나하나 이루어주시는 분은 모든 것을 계획에 따라 움직여가시는 '하나님'이라고 고백한다. 따라서 타국으로 팔려간 요셉이 성공의 디딤돌이 되었던 보디발을 만난 것도 결국 하나님의 계획에 따른 것임을 확인할 수 있다. 그러므로 진정 성공하고 싶다면 인간의 근본적인 한계를 인정하면서 겸손하게 자신을 내려놓고 최선을 다하면서 하나님께 미래를 맡기는 수밖에 없다. 마지막으로 다시 한 번 자신에게 물어보자. "나는 그리스도인으로서 과연 성공한 사람인가?"

2009년 가을, 이집트에서 열렸던 세계청소년축구대회 8강전에서 우리나라 청소년축구대표팀은 가나에 패해 4강 진출이 좌절되었다. 하지만 그들과 대등한 경기를 펼쳐 응원단들로부터 "괜찮아" 라는 응원 구호를 이끌어내기도 했다. 경기가 끝난 후 언론들 역시 시합 과정에서 최선을 다한 선수들을 향해 '졌지만 최선을 다했다'는 칭찬을 아끼지 않았다. 꿈에 그리던 우승이나 4강 진입은 못했지만 최선을 다했기에 후회가 없었을 선수들도, "괜찮아"를 연호해 준 응원단들도 그날만큼은 아주 뿌듯했을 것이다.

우리는 오직 1등만이 성공이라며 최고 속도로 달리다가 어느 한 순간 풍비박산하는 여러 유형의 삶을 보아왔다. 비록 사람들 눈으로 볼 때에는 최고 자리에 오르지 못했더라도 하나님의 때를 기다리며 겸손하게 최선을 다하는 2등과 3등이 진정 성공한 사람이 아닐까?

그가 세움을 받으리니 이는 그를 세우시는 권능이 주께 있음이라

로마서 14장 4절

" 아버지 하나님!

모두가 성공을 향해 줄달음치는 상황 속에서
저는 지금 잊혀지고 버림받은 존재입니다.
그러나 하나님의 절대 주권을 믿으며
내가 계획하는 모든 것을 내려놓습니다.
겸손히 내려놓고 주신 재능을 따라 최선을 다할 때
모든 것을 세우기도 하시고 없애기도 하시는 하나님의 은총이
저를 적절한 자리에 세우실 줄 믿습니다.
안개 같은 인생길에서 진정한 성공의 의미를 깨달으며
날마다 하나님의 주권을 통해
창성하게 되는 은혜를 덧입게 하옵소서. "

의인은 일곱 번 넘어질지라도 다시 일어나려니와

말장난에 지나지 않는다고 말할지도 모르겠지만, 성공은 실패가 있기 때문에 더욱 도드라져 보이는 것이다. 그 누구도 실패를 좋아하는 사람은 없다. 모든 이들이 성공이라는 단어를 좋아한다. 그러나 뜻하지 않게, 정말 뜻하지 않는 상황에서 실패가 찾아온다. 이미 고인이 되었지만 한국 현대사에서 경제적으로 크게 성공한 인물로 평가받는 모 그룹 창업주는 '시련은 있어도 실패는 없다'라는 어록을 남겼다. 하지만 작은 것이든 큰 것이든 실패는 모든 사람들이 버거워하며 피하고 싶은 것임에 틀림이 없다.

결혼만 해도 그렇다. 20대 중반에 처음 만나 연애감정을 느껴 결혼을 전제로 사귀다가 여러 가지 이유로 드라마같이 헤어진 이들은, 또다시 교제할 엄두를 내지 못하고 일에 파묻혀 있다가 아예 싱글로 사는 경우가 많다. 그래서일까? 가만히 보면 혈연 중심으로 구성된 교회를 다니는 30대 미혼이나 비혼자들 중 일부는 "결혼 안 하고 뭐해?" "아직도 결혼 안 했어?"라는 말이 비수 같아서 교회를 떠날 궁리를 하는 경우도 있다. 예전보다 줄긴 했지만, 결혼은 성숙한 인간이 되는 전환점이고 싱글은 비정상이라는 시각과, 더 나아가 결혼하지 않는 삶은 인생 실패자라는 무언의 공동체적 분위기가 그들의 등을 떠밀었던 것이다. 이런 상황 속에서 의지적으로 비혼을 결정했거나 상황적으로 미혼인 30대들은 가슴속에 상처를 입고 살아가게 된다.

이런저런 실패의 상황이 닥칠 때마다 우리는 종종 "실패는 성공의 어머니"라는 격언을 떠올린다. 그러나 아무리 이 말이 훌륭한 격언이라 해도 실패라는 말은 그리 호감 가는 단어가 아니다. 기왕이면 실패 없이 목표 지점까지 다다르기를 희망하는 것이 인지상정이다. 그러나 실패라는 경험은 때때로 인생을 관조하고 새롭게 도약할 수 있는 전환점이 된다는 사실을 수많은 인생의 선배들이 전언하고 있다.

그래서인지 일본에서는 실패가 학문으로 성립되어 '실패학'이 붐을 이루고 있다. 실패학의 출발점은 실패의 경험이 귀중한 자원이라는 인식이다. 또한 개인이나 공동체가 경험한 실패의 경험을 낭비하지 말고 사회 전체가 공유할 수 있는 인프라를 구축하자는 것이 실패학의 목표다. 또 공동체뿐만 아니라 개인적으로도 실패에 대한 잘못된 인식을 바꿔서 지금의 실패는 훗날 소중한 자산이므로 이를 적극적으로 활용해야 한다는 시각을 요구하고 있다. 즉, 부주의나 그릇된 판단으로 똑같은 실수를 연발하는 것은 줄여야 할 실패이지만, 새로운 일에 도전하고 더 나은 성공과 발전을 위해 추진하는 과정에서의 실패는 유의미하다는 것이다.

일례로 미국의 대통령이었던 지미 카터는 재임 당시 가장 실패한 대통령으로 알려졌었다. 카터가 도덕적이고 현학적이었다는 사실은 그를 평가하는 몇 권의 책만 읽어봐도 쉽게 알 수 있다. 그러나 그에 대해 평가하는 정치 평론가들이나 기자들은 그의 직무 수행 능력이 많이 모자란다고 혹독하게 비판했다. 물론 같은 동료 정치인들조차 행정부 자체의 존재 이유를 모르겠다는 식의 논평을 했다고 한다. 한마디로 대통령으로서의 카터는 빵점을 받은 셈이다. 그러나 퇴임 후에 카터는 노벨평화상 수상자가 됨으로써 그를 향한 혹독한 비평들을 일거에 잠재워버렸다. 실패한 대통령이라는 이미지 자체를 바꾸어버린 것이다. 대통령 시절, 정치인들의 생리를 잘 이해하지 못했고, 순진하게 도덕성을 바탕으로 일을 했으며, 남의 이야기에 귀 기울이면서 순결하게 살고자 했다. 결국 정치적으로는 실패한 대통령이라는 낙인이 찍히게 되었지만, 그것이 퇴임 후에는 성공의 요소로 작용한 것이다.

현역에서 가장 왕성하게 활동해야 할 시기인 서른이지만, 대통령 시절의 카터와 같은 상황에 내몰려 있는 이들도 있을 것이다.

열심히 일하고 인간관계를 잘 유지하기 위해 노력했지만, 외딴 섬에 홀로 남은 것처럼 '나는 실패한 인생'이라며 낙담하는 이들도 많이 있다. 매사에 사심 없이 순수한 마음으로 살아가지만 오히려 '바보'라고 오해받고, 세상 일에 정직하게 접근하다보면 간교한 사람들에게 이용만 당하다 모든 것을 잃을 수도 있다. 또 적토마처럼 달려야 함에도 불구하고 '앞으로 밥벌이는 어떻게 하지?'라고 자문하면서 인생의 하프타임을 맞이한 상황일 수도 있을 것이다. 나름대로 최선을 다해왔다고 자부하지만 손에 쥐어진 것이 아무것도 없는 상황은 우리를 절망하게 만든다.

그러나 분명한 것은, 인생의 하프타임은 나를 되돌아보게 하고, 나의 인생을 점검하는 귀한 기회다. 많은 사람들은 쉼표 없이 초고속으로 승진하고, 손을 대기만 하면 돈이 펑펑 쏟아지는 마이더스의 손과 같은 능력을 지니고 싶어 한다. 하지만 오히려 실패하고 좌절하는 인생의 휴지기를 맞이했을 때가 자신의 인생 전반을 관조할 수 있는 좋은 기회다. 그래서 인생을 지혜롭게 사신 분들은 "승부는 후반부에 결정 난다"고 함축해서 말해준다.

인생의 여정 속에서 아무리 강조해도 지나침이 없는 말은 '인생은 마라톤'이라는 것이다. 마라톤의 생명은 속도 조절이다. 경기가 시작됐을 때 힘이 있다고 전력 질주를 하면 한동안은 앞서갈 수 있을지 모르겠지만, 결국에는 낙오되고 만다. 이런 의미에서 한순간의 좌절이나 실패가 인생 전체를 송두리째 흔들어버리게 할 수 없는 법이다. 특별히 살아 계신 하나님을 의지하는 사람이라면 더더욱 그러하다.

현실에서 질서와 혼돈이라는 양극단 사이에 어중간하게 걸쳐 있다는 느낌을 받고 있는가? 어느 기독교 저술가는 이 상황을 두고 '현재 J(예수님) 구역에 놓여 있는 상태'라고 재미있게 표현했다. 성경 속에 나타나는 인물들의 경우에도 실패는 필수였다. 갈릴리 어부로서 고기잡이 전문가였던 베드로가 밤새도록 그물을 던졌지만 아무것도 잡지 못한 순간은 분명 그의 하프타임이었을 것이다. 지치고 상심한 마음으로 그물을 깁고 있던 그에게 "깊은 데로 가서 그물을 내려 고기를 잡으라"는 예수님의 말씀은 전화위복이 되었다. 어떻게 보면 전문가로서의 자부심을 완전히 무너뜨린 말씀일 수 있었고, 컨디션이 아주 좋지 않은 날로 기억될 수도 있었지만, 그 시간이 바로 인생의 전환점을 이루는 순간이 된 것이다.

우리 인생에 있어서 실패라는 하프타임은 인생의 목적을 재점검할 수 있는 좋은 기회다. 실패하고 싶지는 않겠지만 인생을 제대로 살기 위해서는 경험할 수밖에 없는 필수과목이다. 실패했다고 하자. 그렇다고 절망만 하고 있어야겠는가? 일단 마음을 비우고 실패를 인정하자. 그리고 실패를 통해서 배울 것은 배우자. 그렇게 하면 살아온 날보다 살아갈 날이 더 많은 30대인만큼 앞으로 겪게 될 실패를 줄여나갈 수 있을 것이다.

실패라는 하프타임 때문에 좌절하고 그것이 걸림돌이 되어 후반전을 뛸 수 없다면, 그 순간에 인생은 끝장날 가능성이 크다. 그래서 실패했더라도 믿음의 시각으로 어떻게 받아들이느냐가 그리스도인에게는 관건이 될 것이다. 순수하게 열심을 다하여 사는데도 뜻하지 않은 실패를 많이 경험했다면 그것은 전능자께서 우리를 더욱 성숙하게 빚어가시려는 직간접적 표현일 가능성이 높다. 이렇게 말할 수 있는 근거는 무엇인가를 시도하고 도전하는 사람만이 실패를 체험하기 때문이다. 냉정하게 본다면, 한 번도 실패해본 경험이 없다는 것은 결코 자랑거리가 아니다. 다시 한 번 실패라는 하프타임을 믿음의 시각으로 바라보자.

대저 의인은 일곱 번 넘어질지라도 다시 일어나려니와 악인은 재앙으로 말미암아 엎드러지느니라

잠언 24장 16절

"주님!
열심히 일했음에도 불구하고 성과가 없습니다.
사람들이 저를 향해 실패자라고 비웃습니다.
그러나 저는 믿습니다.
내 삶을 쥐고 계시는 주님께서 내 삶 속에서
경이로운 일을 시작하시고,
은혜로 그 일을 이루어가시며,
마침내 아름다운 열매를 맺을 수 있도록 도우실 줄 믿습니다.
더 이상 두려워하지 않고 다시 일어나겠습니다."

자기
계발
3

지혜와 지식을 구한다는 것

시대가 급변하면서 '지식 경영'이라든가 '소프트 파워Soft Power' 같은 함축적인 용어들이 언론 매체에 자주 등장한다. 특히 소프트 파워라는 말에는 '창의적'이라는 말까지 덧붙여져 '창의적 소프트 파워'라는 생경한 말이 회자되기도 한다. 하버드대학교 케네디스쿨의 조지프 나이Joseph S. Nye Jr.가 처음 사용한 용어로, 알려진 소프트 파워는 외형적이고 물리적으로 표현되는 '하드 파워Hard Power'에 대응하는 개념이다. 이는 문화를 토대로 하는 다양한 분야의 이성적 지식과 감성적 능력이 급변하는 세계의 창조적 역량을 뒷받침한다는 의미로 사용된다.

이런 의미에서 새로운 사회에서는 외형적인 지식보다 내면적인 지식이 더욱 중요한 가치로 대두될 것으로 보인다. 때문에 한 공동체가 발전하기 위해서는 지식 공동체로의 변화를 모색해야만 한다는 주장이 사회적으로 설득력을 얻고 있다.

이를 뒷받침하듯 서점가에서도 지식사회에 대한 전망을 담은 책들이 선풍적 인기를 얻고 있다. 또한 현대인들도 미래사회에서 남보다 뒤떨어지지 않기 위해 필요한 지식을 쌓으려고 시간과 돈을 투자하고 있다. 예를 들어, 국내의 모 대기업 산하 경제연구소가 매월 두 차례 아침 7시에 진행하는 조찬 세미나에는 대기자 명단에 이름이 올라야 겨우 참석할 수 있다고 한다. 또한 직장인들이 새벽 시간에 피곤을 무릅쓰고 영어학원을 다니는 것도 이와 무관하지 않다.

지식의 가치가 점점 커지면서 결국 지식이 재화를 창출할 뿐만 아니라 개인이 성공하는 데 중요한 역할을 할 것이라는 미래학자들의 예견은 '지식기반사회'라는 새로운 용어를 만들어냈다. "넥스트 소사이어티Next Society에서는 지식 노동자들이 새로이 자본가 반열에 오르게 될 것"이라는 피터 드러커의 언급은, 급속도로 변화하는 현대사회에서 생존하기 위해서는 반드시 새로운 지식의 습득이 필요하다는 의미를 담고 있다. 이런 사회적 변화는 갈수록 치열해지는 경쟁적 상황을 예고하고 있다.

2005년에 세상을 떠난 피터 드러커는 구순을 넘긴 나이에 "보다 강하고, 능력이 있으며, 쉬지 않고 자기 혁신을 해야만 살아남는다"는 말로 통찰력을 발휘했다. 그런데 이런 통찰에 대해 일면 고개가 끄덕여지면서도 다른 한편으로는 가슴이 답답해지는 이유가 무엇일까? 지식을 쌓는 것만이 최선의 길이라는 말에 그렇다라고 수긍이 가지 않는 이유는 무엇일까?

예부터 어느 사회에서나 공부를 많이 하고 돈을 많이 번 사람들에게 성공이라는 금관을 씌어주었다. 하지만 학력이 좋고, 아등바등 돈을 많이 벌었다고 반드시 성공한 사람이라고 할 수 없다. 누가복음 12장에 나오는 어리석은 부자에 대한 하나님의 평가는 재산이 많다는 것 자체가 인생에서 가장 중요한 가치를 지니는 것이 아님을 보여준다. 창고에 평생 먹을 양식을 쌓아놓았다고 자족감에 빠져 있는 부자에게 하나님께서 던지신 말씀은 정신이 번쩍 들게 만든다. 누가복음 12장 20절에는 "하나님은 이르시되 어리석은 자여 오늘 밤에 네 영혼을 도로 찾으리니 그러면 네 준비한 것이 누구의 것이 되겠느냐 하셨으니"라고 적혀 있다. 아무리 돈을 많이 벌고 지식이 풍부하더라도 이를 바르게 사용할 줄 아는 지혜와 판단력이 부족해서 말년에 어이없이 무너지는 사람들이 많다.

굳이 지식과 지혜를 사전적으로나 사회학적으로 구분할 필요는 없다. 하지만 피터 드러커의 표현대로 지식경영을 잘 해서 '새로운 자본가'가 되었더라도 그것을 제대로 사용할 줄 아는 지혜와, 재산의 유효기간이 언제까지인지 분별할 줄 아는 지혜가 없다면 말짱 도루묵인 것이다. 즉 돈도 필요하고 지식도 필요하지만, 그것을 어떻게 효율적으로 사용해야 하는지, 그리고 내가 속한 공동체에 어떻게 이롭게 사용해야 하는지 판단할 수 있는 지혜가 반드시 필요하다.

실례로 시간을 아끼는 지혜에 대해 생각해보자. 한 사람의 일생을 70년으로 보면 평생 사용할 수 있는 시간은 62만 시간이다. 만약 점심시간을 제외하고 하루 근로시간이 8시간이라면, 주 5일 근무 체제에서 주당 40시간을 일하는 셈이다. 1년 52주 동안에는 2,080시간을 일하는 셈이며, 35년을 일한다고 쳤을 때 7만 2,800시간을 일하는 셈이다. 총 62만 시간에서 7만 2,800시간을 빼고, 수면 시간과 식사 시간 등 생활에 꼭 필요한 시간을 합산하면 약 9만 시간이 된다. 여기에서 아무것도 모르고 보낸 어린 시절을 빼면 남는 시간은 25만 7,200시간이다. 이 시간은 일생 동안 일하는 7만 2,800시간과 비교해볼 때 무려 3.5배나 많은 시간이라는 계산이 나온다.

"시간을 이기는 지혜를 가진 자가 모든 것을 이긴다"는 동서고금의 진리를 감안할 때, 사람들이 공통적으로 사용하는 시간 외의 시간을 어떻게 활용하는가가 성공의 관건이라는 것을 알 수 있다. '라듐의 어머니'라 불리면서 성공한 과학자의 표상으로 칭송받는 퀴리 부인은 밥 먹는 시간까지 아까워하며 눈물을 흘렸다고 한다. 성공적인 삶이나 칭송받는 삶을 살기 위해서는 타고난 재능과 부단한 노력이 필요하다는 것을 간과할 수 없다. 하지만 시간을 다루는 지혜 역시 성공에 필수적인 요소라고 할 수 있다.

여유시간을 활용하는 지혜와 구체적인 생각을 도출해내는 지혜는 사람을 제대로 분별할 수 있는 안목을 길러준다. 소위 사람 볼 줄 아는 지혜가 없다면 어떤 결과가 벌어질까? 물론 직장인이라면 업무를 잘 추진하기 위해 필요한 전문지식이나 주변 상황을 잘 파악하는 능력을 지니는 것이 필수적이다. 또 사업을 하는 입장이라면 시세 파악과 시장 상황을 잘 조사해서 정확한 지식을 도출하는 것이 중요하다. 그런데 선한 사람과 악한 사람을 구별할 줄도 모르고, 정직한 사람들과 정직하지 않은 사람을 제대로 분별해낼 줄 모른다면 그 결과는 뻔할 수밖에 없다.

그러므로 책임 있는 삶을 살아가야 하는 30대로서는 급변하는 세상에서 지식경영의 프로가 되어야 함은 물론, 지혜로운 사람이 되기 위해 노력해야 한다. 실제로 성경에서 지혜자도 "지혜 있는 자는 강하고 지식 있는 자는 힘을 더하나니"(잠언 24장 5절)라고 권면한다. 솔로몬이 지혜와 지식을 갈구했을 때 하나님께서는 부수적인 것까지 함께 주셨던 것을 기억한다면 더욱더 노력해야 한다.

주는 이제 내게 지혜와 지식을 주사 이 백성 앞에서 출입하게 하옵소서 이렇게 많은 주의 백성을 누가 능히 재판하리이까 하니 하나님이 솔로몬에게 이르시되 이런 마음이 네게 있어서 부나 재물이나 영광이나 원수의 생명 멸하기를 구하지 아니하며 장수도 구하지 아니하고 오직 내가 네게 다스리게 한 내 백성을 재판하기 위하여 지혜와 지식을 구하였으니 그러므로 내가 네게 지혜와 지식을 주고 부와 재물과 영광도 주리니 네 전의 왕들도 이런 일이 없었거니와 네 후에도 이런 일이 없으리라 하시니라

역대하 1장 10~12절

"하나님!

날마다 계획에 계획을 더하여 치밀하게 준비하지만
항상 좋은 효과를 보지 못해서 안타까운 마음이
저의 내면에 있습니다.
기대하지 않았던 결과로 인해 혼란스럽기까지 합니다.
그러나 이것이 저의 경험과 지식만을 의지하지 말라는
주님의 경고인 것을 이제 깨닫습니다.
지혜를 간구할 때 거절하지 않으시는 주님을 신뢰하며,
순간순간 판단의 분기점에 설 때마다 간구하오니
지혜를 허락해주옵소서."

시대의 변화에 대처하는 자기계발을 하는가?

인류 역사는 항상 변화에 능동적으로 대처하는 사람들의 편이었다. 기업을 책임지고 있는 CEO들은 "당신과 더불어 일하는 직원들에게 있어서 제일 중요한 자질은 무엇인가?"라고 물으면, 대부분 "자기 분야의 전문가이거나 전문가가 되기 위해 끊임없이 노력하는 사람"이라고 대답한다. 그러나 변화하는 시대의 조류를 간파하면서 거기에 적합한 유연성을 가지는 것이 어디 말같이 쉬운 일인가!

찰스 그랜섬의 『직업의 미래』는 급속한 변화를 겪고 있는 미래 사회에서 미국의 직장인들이 느끼는 감정을 그리고 있다. 이 책은 직장인들의 상황을 세 단어로 정리하고 있다. 'FUD'로 요약되는 세 가지 상황은, 첫째 Fear(두려움)이고, 두 번째 Uncertainty(불확실성)이며, 셋째 Doubt(불신)이다. 이 세 가지 상황은 직장인이라면 누구나 느끼는 보편적인 감정이 되었다. 따라서 '급속히 변화하는 상황 속에서 과연 내가 살아남을 수 있을까?' 하는 질문은 모든 사람들의 화두가 되고 있다. 과거에는 그저 자신이 맡은 분야에서 최선을 다하면 다른 사람들에게 인정을 받을 수 있었다. 물론 이런 자세는 지금도 필요하지만, 변화의 흐름을 놓쳐버리면 아주 큰 낭패를 볼 소지가 있다. 그래서 자기계발에 힘쓰는 것이 아주 중요해졌다.

이런 상황 가운데 변화를 따라가자니 버겁고, 망연자실하고 있자니 구닥다리가 될 것 같은 위기감을 느끼는 사람들이 많다. 원하는 일이 아님에도 불구하고 남에게 뒤지지 않기 위해 따라가야 한다는 중압감을 느끼는 사람들 역시 많이 보인다. 실제로 어느 취업 포털 사이트에서 직장인들을 대상으로 "현재 자기계발의 필요성을 느끼는가?"라는 질문을 던졌다. 그 결과 응답자의 62퍼센트가 '절실히 느끼고 있다'고 대답했다고 한다.

하지만 이 시대를 살아가는 30대들에게 '자기계발을 위한 투자'나 '핵심 역량 인재가 되기 위한 자기 준비' 등의 용어는 단지 광고 문구일 뿐, 당면한 현실에서 보면 사치스러운 말들이다. 왜 그렇게 해야 할 일이 많고 뛰어다녀야 할 곳은 점점 많아지는지, 자기 투자를 할 여력이 없다는 이야기를 이구동성으로 하고 있다. 한 통계를 살펴보면 이런 말이 틀린 이야기가 아님을 확인할 수 있다. 직장인들에게 "하루에 자기계발에 투자하는 평균 시간이 얼마인가?" 라고 물어본 결과, '거의 갖지 않는다'는 응답이 57퍼센트에 달했고, '1시간 미만'이라는 응답도 25퍼센트를 차지했다고 한다. 따라서 자기계발에 대한 욕구는 절실하지만, 그에 비해 자기계발에 투자하는 시간은 터무니없이 적다는 것을 알 수 있다.

물론 영국에서 시작되어 세상을 완전히 뒤집어놓았던 산업혁명과는 비교할 수 없지만, 정보화라는 이름으로 시작된 변화의 속도는 태풍의 눈처럼 우리 사회를 지배하고 있다. 어느 사회학자의 표현대로 한가로운 황소걸음으로 느릿느릿하게 역사의 길에 들어섰지만 근대의 문턱에서부터 시간과의 경쟁이 가속화되었고, 정보화 시대에 돌입하면서 시간이 마치 혜성처럼 빠른 속도로 돌진해오고 있는 것이 현실이다. 결국 사회적으로 대 격변을 겪는 상황에서 과거의 지식만으로는 변화를 차분하게 소화할 수 없다는 현실이 자기계발에 대한 강박증을 가지게 만든다. 그렇다면 도대체 어떻게 해야 할까?

그리스도인은 세상의 주인이시요, 역사를 주장하시는 분이 바로 하나님이심을 믿는 사람들이다. 따라서 빠르게 변하는 시대적 상황에 대해 어느 누구보다 빨리 인식하고, 역동적이고 창의적으로 움직여야 할 사명이 주어져 있다. 그리스도인들이 눈앞에서 벌어지고 있는 변화에 대해 창의적 대안을 가지고 움직인다는 것은 변화를 영적인 안목으로 바라보는 태도를 익혔다는 의미다. 그리스도인이든 비그리스도인이든 이 시대를 살아가는 사람이라면 누구든지 환경의 변화에 크게 놀라고 두려워하게 마련이다. 대부분의 사람들이 변화에 대한 두려움을 가지는 이유는 변화 이면에 있는 본질을 보기보다 피상적인 변화의 속도를 바라보기 때문이다. 급속하게 변화하는 환경만을 바라본다면 두렵게 반응할 수밖에 없다. 하지만 그 본질을 꿰뚫어보고 이면을 고찰할 수 있는 영적인 안목을 소유한다면 상황은 충분히 달라질 수 있고, 오히려 또 다른 기회를 얻을 수도 있다.

그런데 한 걸음 더 나아가서 생각해야 할 것은 영적인 안목을 지니는 것만으로 모든 것이 해결되는 것은 아니라는 점이다. 영적인 시각을 가지면서 변화하는 사회에 대해 능동적으로 대처하는 것이 아주 중요하다. 성경에서 이런 자세를 보여주는 영적인 모델이 바로 아브라함이다. 그는 75세가 될 때까지 고향 친척과 아버지의 집을 떠날 생각을 전혀 하지 않았다. 그런데 친척과 아버지의 집을 급작스럽게 떠나야 한다는 하나님의 말씀을 들으면서 엄청난 변화를 맞이하게 된다. 인간적으로는 불안한 일이었겠지만, 그는 고향을 떠날 결단을 내림으로써 마침내 인생의 새로운 전환점을 맞이하게 된다. 아브라함이 보여준 행동을 통해 얻을 수 있는 교훈은 여러 가지 있겠지만, 여기서 중요한 것은 결단력 있는 아브라함의 행동이다. 하나님이 주신 안목Vision만 가지고도 그 자리에 머물지 않고 떠나야겠다는 결단을 내리고 실제로 움직인 것이다. 사실 하나님의 안목을 이해하는 것은 그 무엇보다 중요하다. 동시에 자신을 계발하는 것에 충실한 것 역시 이에 못지않게 중요하다는 점을 인식해야 한다.

전도서 10장 10절은 "무딘 철 연장 날을 갈지 않으면 힘이 더 든다"고 자기계발의 중요성을 지적한다. 자기계발을 위해서는 무엇보다 시간이 필요하다. 그러기 위해서는 지금 일하는 곳에서 잠시 쉬면서 자기계발에 힘쓸 수도 있고, 여의치 않으면 현재 일하는 곳을 떠나 자기계발을 할 수도 있다. 어떤 방법을 택하든지 자신의 입지와 위치를 점검하면서 용이한 방법으로 자기계발이 수행되어야 한다. 그런데 빠르게 변하는 시대적 상황만 강조하다 보면 자칫 기능적인 분야만 자기계발 대상으로 삼을 수도 있다.

그러나 신앙인의 입장에서 자기계발과 관련하여 인지해야 할 것은, 단순히 기능적인 분야에만 자기계발이 국한되어서는 안 된다는 점이다. 우리 그리스도인에게 주어진 자기계발 분야는 더 근본적인 것이다. 그것은 우리가 하나님의 사람으로서 자기계발을 통해 얼마나 성숙하게 되는가 하는 문제다. 다시 말하면 영적인 사람으로서 주변 사람들을 돌아보고 섬기는 사람이 되어야 한다는 것이다. 또한 기도의 무릎이 얼마나 더 견고해져야 하나님의 뜻을 아는 영적 통찰력을 가질 수 있는가에 관심을 기울일 뿐만 아니라 궁극적으로 영적인 자기계발에 힘써야 한다. 결국 우리에게는 내가 몸담고 있는 분야의 기능적 자기계발과 아울러 영적인 사람으로서 성숙을 위한 자기계발을 동시에 추구해야 하는 과제가 제시되어 있는 것이다.

앞으로의 사회가 어떤 모습으로 변화할는지 전혀 알 수 없지만,

분명한 것은 현재 자신이 얼마만큼 준비하면서 시간을 보내는가에 따라 결과는 얼마든지 달라질 수 있음을 깨달아야 한다. 그러므로 하나님의 주권을 인정하는 그리스도인이라면 변화를 오히려 기회로 삼고 변화하는 상황에 대한 정확한 지식을 얻기 위해 부지런히 노력하면서 자신의 인생을 새롭게 개척해나가는 자세를 유지해야 한다. 그래서 현재 시대의 변화에 질질 끌려가는 삶을 사는지, 아니면 시대의 변화를 이끌어가시는 하나님의 음성을 들으면서 변화에 대처할 수 있는 자기계발에 부지런한 삶을 사는지 우리 자신을 점검할 필요가 있다.

스스로 속이지 말라 하나님은 업신여김을 받지 아니하시나니 사람이 무엇으로 심든지 그대로 거두리라 자기의 육체를 위하여 심는 자는 육체로부터 썩어질 것을 거두고 성령을 위하여 심는 자는 성령으로부터 영생을 거두리라 우리가 선을 행하되 낙심하지 말지니 포기하지 아니하면 때가 이르매 거두리라

갈라디아서 6장 7~9절

"만물을 붙드시는 주님!

급속한 변화의 소용돌이 속에서
늘 부족함과 준비되지 못하는 안타까움을 느낍니다.
그러나 만물을 쥐고 계시는 분이 바로
창조주 하나님이시기에 두려워하지 않겠습니다.
지금 저에게 주신 삶과 상황도 분명히 가치 있는 것이고
모든 것을 통해 영광 받으신 줄 믿습니다.
주어진 시간을 보다 더 선용할 수 있게 하는
영적 지혜를 더하여 주심으로 어제보다 오늘이,
오늘보다 내일이 더 나은 삶이 되게 하옵소서."

| 7장 |

돈 걱정 없이 살 수 없을까?

prayers for money

그러면 우리는 어떻게 벌 것인가?

내 지갑의 주인은 누구인가?

money

돈에 대한 염려와 욕심이 언제나 마음속에 똬리를 틀고 있는 것 같습니다. 재물에 대해 터부시하기보다 내 지갑의 우선 권리를 주님께 맡기는 사람이게 하옵소서. 현실적으로 돈에 대한 바른 지배 주권을 가지고 다스릴 수 있는 자가 되길 원합니다.

재정 1

그러면 우리는 어떻게 벌 것인가?

영국의 작가 서머싯 몸William Somerset Maugham의 단편소설 가운데 「개미와 여치」가 있다. 이야기 속에는 개미처럼 성실하게 일하는 형 조지와 일하기 싫어하고 놀고 먹기 좋아하는 톰이 등장한다. 동생 톰은 마흔이 훨씬 넘도록 안정된 생활을 하지 못해 조지의 애를 먹인다. 서른 중반쯤으로 보이는 톰에 비해 몇 살 위인 조지는 마흔일곱 살인데도 60대처럼 보인다. 톰은 갖가지 방법으로 형으로부터 돈을 가져다 쓰기를 25년 동안 반복했다. 그러나 이런 조지에게도 한 가닥 희망이 있었다. 앞으로 3년만 더 인내하면 3만 파운드의 적금을 타게 되기 때문이다. 그렇게 되면 톰은 여름 동안 놀고 먹다가 겨울이 오자 불쌍한 신세가 되고 만 베짱이처럼 비참한 여생을 보내게 될 거라고 조지는 생각했다. 그런데 예상과는 달리 자기 어머니만큼이나 많은 나이의 여성과 결혼한 톰은 갑자기 배우자가 죽게 되면서 벼락부자가 된다. 이런 상황에 직면한 조지는 "세상에 이런 불공평한 일이 어디 있느냐?"고 외친다.

성실한 조지가 인정을 받고 부자가 되어야 마땅한데도 불구하고 세상은 순리대로 돌아가지 않는다. 살아가는 여정 속에 "세상은 왜 이렇게 불공평한가?" "도대체 공의의 하나님은 어디에 숨어 계신 거야?"라고 외치고 싶은 때가 어디 한두 번이겠는가? 땀 흘리며 우직하게 일하는 사람에 대한 냉소적인 분위기가 도를 더해가는 사회를 살면서 어떻게 사는 것이 지혜로운가를 거듭 생각하게 만드는 대목이다. 다른 사람들보다 좀 더 '빠르게' 벌고 '많이' 벌어서 '손쉽게' 쌓아놓고, '일찍' 편안한 삶을 영위해야겠다는 의식이 팽배해지고 있다. 이렇게 경제적 부를 이루기 위한 수단들이 기형화되어가는 모습을 확인할 때마다 과연 물질 지상주의의 끝이 어디일까 질문하게 된다.

일례로 주식시장이 달아오를 때에는 많은 사람들이 주식에 미친다. 누구나 일확천금을 얻을 수 있다는 막연한 생각에 황금의 엘도라도를 꿈꾸며 있는 돈, 없는 돈 끌어모아 주식에 투자한다. 게다가 직장인들도 업무시간에 주식시장 시세를 보면서 본업은 뒤로 미룬 채 사이버 주식투자에 골몰하기도 한다. 주식투자 자체의 좋고 나쁨을 떠나 땀 흘려 일하기보다는 허황된 꿈을 꾸고, 단 한 번에 대박을 터뜨리려는 사람들이 점점 늘고 있다.

우리 속담 가운데 "모로 가도 서울만 가면 된다"는 말이 있다. 주변을 살펴보면 이 속담을 자신의 경제 원칙에 대입하는 사람들도 꽤 있는 듯하다. 실제로 방법이야 어찌되었든 남들보다 빠른 시간 내에 더욱 손쉬운 방법으로 돈을 벌어보겠다는 욕망을 곳곳에서 확인할 수 있다. 카지노가 성업 중이고, 레저산업이라는 명목의 경륜이나 경마는 사람들의 사행심을 조장하는 일등 공신이다. 게다가 정부가 복지 분야의 재정 확충을 위해 실시하는 복권 사업이라는 것도 처음 시작할 때의 정신과는 무관하게 손쉽게 돈을 벌고자 하는 사람들의 주머니를 노리고 있다. 한번에 일확천금을 노리는 사람이 많기에 사행산업은 불황을 타지 않으며, 돈만 벌 수 있다면 수단과 방법을 가리지 않는 사람들이 우리 공동체 안에도 수없이 존재한다.

성실한 사람보다 불의한 방법을 동원하는 사람들이 흥하는 상황을 접하다 보면 '나도 저 사람들처럼……'이라는 생각이 마음 한켠에 들 때가 있다. 또 정직과 성실을 비웃는 세태 속에서 성실하게 일하는 사람이 바보 취급 당하는 경우를 맛보기도 한다. 이런 상황에 내몰릴 때마다 하박국 선지자처럼 "주께서는 눈이 정결하시므로 악을 차마 보지 못하시며 패역을 차마 보지 못하시거늘 어찌하여 거짓된 자들을 방관하시며 악인이 자기보다 의로운 사람을 삼키는데도 잠잠하시나이까"(하박국 1장 13절)라고 묻고 싶을 때가 있다.

그러나 한 가지 분명한 것이 있다. 수고하거나 땀을 흘리지 않고 돈을 벌고자 하면 결국 낭패를 보고 만다는 것은 살아 계신 하나님의 말씀이 증언하는 진리다. 잠언 28장 18~20절은 다음과 같은 원칙을 상기시켜준다.

> 성실하게 행하는 자는 구원을 받을 것이나 굽은 길로 행하는 자는 곧 넘어지리라 자기의 토지를 경작하는 자는 먹을 것이 많으려니와 방탕을 따르는 자는 궁핍함이 많으리라 충성된 자는 복이 많아도 속히 부하고자 하는 자는 형벌을 면하지 못하리라

실례로 예수님께서 말씀하신 38가지 비유 가운데 12가지가 돈과 관련한 것이다. 또 성경적 표준에 적합한 리더는 언제나 돈을 책임 있게 다루는 사람이어야 한다는 성경의 요청을 전제로 할 때, 돈 자체가 나쁜 것은 아니다.

같은 맥락에서 그리스도인들이 부를 축적하는 것 자체도 결코 잘못된 것이 아니다. 문제는 정직한 수고와 땀 흘림의 대가를 기대하는 것이 아니라 재정적 수입을 위해 요행을 바라면서 시간과 정력을 엉뚱한 곳에 낭비하는 데 있다. 존 웨슬리는 "할 수 있는 만큼 벌어라. 할 수 있는 만큼 절약하라. 할 수 있는 만큼 나눠주라"는 좌우명을 가지고 살았다고 한다. 하나님께서 일감을 주셨다면 그것을 선물로 받아들이고, 성실하게 잘 관리해야 하는 청지기의 사명이 주어졌음을 명심해야 한다.

부지런한 자의 경영은 풍부함에 이를 것이나 조급한 자는 궁핍함에 이를 따름이니라

잠언 21장 5절

"만물을 쥐고 계시는 하나님!
수고하며 땀 흘릴 수 있는 일을 허락해주신 것에 감사합니다.
무한 경쟁이 난무하는 생존의 현장이지만,
어떠한 상황에서든 조급한 마음으로 편법을 사용하지 않고,
성실하게 하나님의 눈앞에서 일하고,
하나님을 두려워하는 사람이 되게 해주옵소서.
악인의 흥함을 보고 결코 낙심하지 않게 하시고
서 있어야 할 자리에 충성되게 서 있어서
일터에서 하나님이 살아 계시다는 것을 증언하는
성숙한 삶이 될 수 있도록 인도하여 주옵소서."

재정 2

내 지갑의 주인은 누구인가?

예부터 어른들은 부자가 되려면 돈을 잘 버는 것보다 잘 쓰는 것이 중요하다고 강조했다. 그래서 항상 "하고 싶은 것 다 하고, 쓸 것 다 쓰면서 부자가 되려고 한다면 그건 욕심이다"라는 말씀을 자식들에게 되뇌시곤 했다. 충동구매나 쇼핑중독에 빠진 여성의 속마음을 꿰뚫는 「쇼퍼홀릭」이라는 영화가 2009년 2월에 개봉되어 사람들에게 큰 공감을 얻기도 했다. 영화 후기를 살펴보면, 수시로 강림하는 '지름신'(혹시 이해하지 못한다면 자신이 쉰세대가 아닌지 의심해볼 일이다)의 통제에서 벗어나기 위해 신용카드를 냉동실에 넣었지만, 세일 전단 한 장에 결심이 무너져 하이힐로 얼음을 깨는 주인공의 모습은 극적이긴 하지만 심리적으로 일체감이 느껴진다는 이들도 꽤 많았다.

“외상이면 소도 잡아먹는다”는 옛말처럼 지출(소비) 행태와 관련하여 현대인들에게 생긴 문제는 돈을 차용하여 물건을 사는 신용카드의 남용에 있다. 현금으로 살 경우에는 50만 원짜리 TV를 사는 데도 망설이지만, 300만 원짜리 TV라도 한 달에 10만 원씩 카드 할부로 결재할 때에는 전혀 주저하지 않는 게 현대인들의 소비 행태이다. 현금 없이도 물건을 살 수 있다는 것은 정말 신기한 일이다. 그러나 냉철하게 따져보면 신용카드로 구입한 물건의 실제 소유주는 물건을 구입한 우리가 아니라 돈을 빌려준 카드회사나 은행이다.

사실 꼭 필요하지 않음에도 불구하고 물건을 사는 경우가 얼마나 많은가? 돈을 잘 버는 방법과 돈을 잘 쓰는 방법에 대해 알려주는 책들은 시중 서점에 나가면 얼마든지 구입할 수 있다. 그런데 문제는 그렇게 많은 방법들이 소개되어 있지만, 정작 내가 지갑에 가지고 다니는 신용카드 앞에서는 아무런 효력이 없다는 것이다. 이런 의미에서 일단 지출과 관련하여 실현 가능한 몇 가지 원칙을 정해보는 것도 좋은 경험이 될 것이다.

전문가들은 소비를 할 경우, 첫째로 ‘물건을 사는 이유를 물어보라’고 조언한다. 물건을 구입할 경우, ‘왜 이 물건을 사려고 하는가?’ 하고 자신에게 물어보면 필요하지 않은 이유들이 떠오른다고 한다. 둘째로 ‘한 주간만 기다리라’고 조언한다. 일주일만 기다리면 꼭 사야 하는 물건인지 아닌지 입장 정리가 되고, 특히 고가의 물건을 구입할 경우에는 시간적인 여유를 가짐으로써 과소비를 막을 수 있는 방호벽이 생긴다는 것이다. 셋째로 '물건 값을 절약하기 위하여 소비를 하지 말라'고 조언한다. 대부분의 광고는 '예산을 절감할 수 있는 절호의 기회를 놓치지 말라'거나 '놓치기에는 너무나 아까운 기회'라고 소비자를 유혹하는데, 대부분 시간이 조금만 지나면 그보다 더 좋은 기회가 오기 마련이라고 전문가들은 충고한다. 이외에도 전문가들은 '가계부를 꼼꼼하게 적어보라' '절약이 몸에 밴 사람과 함께 쇼핑하라' '전문가의 자문을 구하라'는 등의 조언을 하고 있다.

다른 한편, 물건을 사고 난 후 자주 후회를 한다면 '내 지갑의 주인이 누구인가?'라는 물음을 던졌을 때 나 자신이 아니라 하나님이라는 기준을 만들면 좋을 것이다. 언젠가 기독경제학자 한 분이 "지극히 건강한 재정 원칙이 세워지는 시기는 나의 지갑까지도 하나님께서 주권을 가지고 계신다는 것을 인정할 때이다"라고 했다. 그러면서 프로테스탄트Protestant의 경제 윤리는 '검소와 절제'라는 것을 반복해서 강조했다.

캐나다 토론토에서 안식년을 보낼 때 한 공동체에서 검소와 절제의 미덕을 잠시나마 경험했다. 헨리 나우웬이 봉사했던 라르쉬 L'Arche 공동체의 토론토 데이브레이크Daybreak를 방문했을 때였다. 주차장에 차를 세운 뒤 한눈에 들어온 전경은 세간에 알려진 나우웬의 명성에 비해 지나치다 싶을 만큼 소박했다. 그때 '여러 나라에 번역 · 출간된 책의 인세 일부분만 사용해도 멋진 외양을 꾸밀 수 있었을 텐데……'라는 생각이 얼핏 들었다. 그의 이름값에 전혀 걸맞지 않는 공동체의 모습은 사실 허탈감마저 들게 했다. 그런데 데이브레이크의 중심에 위치하고 있는 '데이스프링 연못 옆으로 나 있는 오솔길Dayspring Pond & Stream Trail'을 천천히 한 바퀴 돌면서 그 의미를 깨달을 수 있었다. 그 오솔길을 걷는 동안 그가 쓴 『예수님의 이름으로』라는 작은 책자에 나오는 글을 기억해낸 것이다.

> 나는 그동안 올라가는 길만 추구하였습니다. 어려서부터 공부를 잘해 천재, 신동이라는 칭찬을 받으며 자랐고, 하버드대학의 교수가 되기까지 줄곧 올라가기만 했습니다. 지금까지 오직 성공을 향하여 오르막길만을 달려왔습니다. 그러나 어느 날 정신지체자인 아담을 만났을 때, 이런 사람들의 아픔에 동참하는 내리막길을 통하여 예수님을 바르게 알 수 있다는 사실을 알게 되었습니다. 그래서 복지시설의 봉사자로 내려왔습니다. 오르막길을 오르는 도중에는 예수님을 볼 수 없었습니다. 그러나 내리막길에서 나는 복음서에 나타난 진정한 예수님을 만날 수 있었습니다.

그가 걸었을 데이스프링 오솔길은 소박하다 못해 궁색한 모습이었다. 그 길은 비움과 낮아짐에 대해 웅변하고 있었다. 삶 속에서 절제하는 태도를 지닐 때 진정한 기쁨을 누리는 그리스도인의 삶을 살 수 있다고 말하는 듯했다.

그리스도인이기 때문에 옹색한 삶을 살아야 할 필요는 없다. 그러나 우리 주변의 많은 매체들은 돈을 잘 쓰는 사람만이 존재의 의미를 가진다며, 수단과 방법을 가리지 않고 유혹한다. 이런 풍조 속에서 그리스도인들 중에도 겉으로는 드러내지 않지만 속으로는 '예수님 다음으로 돈이 좋아요'라고 고백하면서 하나님의 자리에 돈을 올려놓은 이들이 의외로 많다.

하지만 분명한 것은 우리에게 주어진 물질을 잘 관리하는 것이야말로 축복의 통로가 된다는 점이다. 내 마음대로 쓸 수 있는 물질을 하나님께 드린다는 것은 그리 쉬운 일은 아니다. 하나님께 드리는 삶을 살기 위해 날마다 애쓰지 않으면 항상 지출의 우선순위는 '나'가 된다. '나'를 중심으로 이루어지는 지출의 끝은 과연 어디일까? 절제를 통해 하나님과 모든 사람을 유익하게 하는 것으로 나타날까? 아니면 과소비로 나타날까? 나의 인생 전부를 맡길 수 있는 유일한 분이신 하나님께 내가 가진 것들에 대한 권리를 드리는 것이 더 낫지 않겠는가!

너희가 만일 불의한 재물에도 충성하지 아니하면 누가 참된 것으로 너희에게 맡기겠느냐

누가복음 16장 11절

"날마다 일용할 것을 허락해주시는
자비로우신 하나님!
탐심은 죄라고 엄히 말씀하신 하나님의 말씀 앞에
마음의 짐들을 내려놓습니다.
모든 것이 주님으로부터 온 것임을 기억하며
하나님께 받은 물질들을 잘 관리하여
복의 유통자로 서는 은혜를 주옵소서.
과소비의 유혹 앞에서 항상 절제하며,
주님께서 정하신 우선순위에 따라 물질을
효과적으로 사용하는 지혜로운 자가 되게 하옵소서."

| 8장 |

하나님, 제 짝은 어디에 있나요?

prayers for love

당신에게 아직 짝이 없는 이유

성적 남용 시대에 꼭 지켜야 할 골동품, 순결

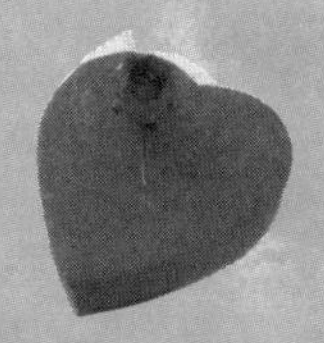

love

배우자와 결혼을 위해 기도하지만, 세월이
타들어가듯 조바심만 날 때가 많습니다.
마음이 답답할지라도 자기 등불과 기름을
준비하는 지혜로운 다섯 처녀처럼 먼저
배우자의 기도에 합당한 내가 될 수 있도록
준비하는 사람이기 원합니다.

연애 1

당신에게 아직 짝이 없는 이유

모든 사람들은 사랑하는 이와의 데이트는 물론, 인생에서 가장 친밀한 동반자와 결혼하여 알콩달콩 살아가고자 하는 꿈이 있다. 때문에 20대와 30대에 사랑의 열병을 앓는 이들은 사랑의 대상을 향해 평소에는 할 수 없는 지극한 표현도 서슴지 않는다. 정채봉 시인은 「너를 생각하는 것이 나의 일생이었지」라는 시 전문에서 사랑으로 가슴앓이하는 이의 마음을 다음과 같이 표현하고 있다.

모래알 하나를 보고도
너를 생각했지
풀잎 하나를 보고도

너를 생각했지
너를 생각하게 하지 않는 것은
이 세상에 없어
너를 생각하는 것이
나의 일생이었지

손을 뻗어도 닿을 수 없는 곳에 있더라도 같은 하늘 아래서 호흡하는 것만으로도 기쁨에 겨워하고 애틋해하는 사랑에 들뜬 연인들의 모습은 충분히 상상이 간다. 사랑하는 이와 같이 살아간다는 것은 얼마나 기꺼운 일인가!

그러나 가만히 들여다보면 데이트와 연애 감정에 대한 꿈은 크지만, 결혼에 대해서는 그리 호의적이지 않은 것이 30대의 현실인 듯하다. 지난 2007년에 한국갤럽이 발표한 「한국인의 결혼관」이라는 보고서는 이와 같은 현실을 여실히 뒷받침해준다. 전국의 만 19세 이상 성인 남녀를 대상으로 "반드시 결혼해야 한다고 생각하는지, 아니면 반드시 결혼할 필요는 없다고 생각하는지"에 대해 질문했다. 그 결과, 절반이 넘는 53.7퍼센트가 '반드시 결혼할 필요는 없다'고 응답한 것으로 나타났다. 이 같은 수치는 한국갤럽이 2년 전인 2005년 같은 시기에 조사한 결과보다 16.5퍼센트나 증가한 것이라고 한다. 갈수록 결혼의 필요성에 대한 인식이 엷어지는 경향을 여기서 확인할 수 있다. 흥미로운 점은 '반드시 결혼할 필요는 없다'고 응답한 비율이 남자(42.2퍼센트)보다 여자(65.3퍼센트)가 훨씬 높았고, 연령별로는 30대가 65.1퍼센트로 2위를 차지한 40대의 61.5퍼센트보다 높게 나타났다.

결혼에 대한 사회 전반의 냉소적인 반응은 올드미스를 넘어 '골드미스 신드롬'을 만들어냈다. 그러다 보니 결혼보다는 혼전에 동거해보는 커플이 늘어나고 있는 경향이다. 또한 한국갤럽의 다른 조사 결과를 보면, 성인남녀 둘 중 하나는 혼전 동거를 해보는 것도 괜찮다는 응답을 한 것으로 파악되었다. 실제로 "필요할 경우 결혼하기 전에 동거를 해보는 것에 대해 어떻게 생각하는가?"라고 질문한 결과, '결혼 전에 동거해보는 것도 괜찮다'는 의견이 49.8퍼센트로 나왔다고 한다. 물론 '동거는 절대 안 된다'는 의견도 49.5퍼센트로 나타났다. 하지만 아무리 이해하려고 해도 두 사람 중 한 사람이 결혼은 선택 사항이라고 하면서 혼전 동거에는 관대한 경향을 보인다는 것은 실로 나로서는 받아들이기가 어려웠다.

미혼으로 지내는 것을 외로움의 대명사로 여기는 사회적 풍토 속에서 '막차 인생'쯤으로 치부되는 미혼의 30대들에게 결혼은 중압감 그 자체다. 그러나 한 번의 선택이 평생의 행복을 좌우하기에 신중에 신중을 기할 수밖에 없는 것이 엄혹한 현실이다.

유머 같아 보이지만 연애와 결혼에 관한 우리의 생각을 진지하게 만들어주는 이야기가 있다.

결혼을 앞둔 어떤 남성이 완벽한 배우자를 찾기 위해 온 세상을 여행했다. 그는 완벽한 배우자와 결혼하지 않고는 불행을 견딜 수 없다고 판단하고 세상 구석구석을 살폈다. 그렇게 40년을 허비했으나 결국 그런 여성과는 결혼하지 못했다. 친구가 그에게 물었다. "자네 나이 이제 칠십이나 되었는데, 세상에 그런 여성이 없었나?" "사실 딱 한 번 그런 여성을 만났었네. 그런데 그녀는 '완벽한 남성'을 찾고 있었다네. 그래서 결혼이 이뤄지지 못했지."

여성들 가운데는 언젠가 백마 탄 기사가 눈앞에 나타났을 때 결혼을 하면 모든 아픔이 치유되고 '고생 끝, 행복 시작'의 길이 자연스럽게 열릴 것이라고 생각하는 부류가 있다. 반면 남성들 가운데는 천사 같은 여성이 나타나 자신의 모든 부족함을 채워줄 것이라는 줄리엣 신드롬에 빠져 있는 이들도 있다. 분명한 것은 결혼하는 순간 천지개벽이 일어나 행복과 기쁨이 마구 밀려오는 것이 아니라는 것쯤은 30대라면 누구나 알고 있을 것이다.

결국 사랑의 결실은 결혼으로 이어져야 한다. 단적으로 말하면 현재 행복한 싱글로 나날을 보내는 사람은 행복한 결혼생활을 영위해나갈 수 있다. 다시 말해 싱글 상태인 지금 주님과 동행하면서 그분이 주시는 평안과 행복을 누리고 있는 사람이라면 결혼 후에도 행복 넘치는 결혼생활을 할 수 있다는 것이다. 따라서 아름다운 결혼생활을 꿈꾼다면 연애 역시 감정적이고 말초적인 데서 벗어나 진중하게 이루어져야 한다. 이 말은 모든 데이트가 항상 결혼을 전제로 이루어져야 한다는 것은 결코 아니다. 중요한 것은 이성 교제가 배우자 선택과 연결되어 있는 비중이 큰 만큼 쾌락 추구나 심심풀

이로 이루어져서는 안 된다는 의미다. 즉 충분한 대화와 건전한 만남, 그리고 상호간의 솔직한 태도와 신뢰에 바탕을 두고 사랑을 확인한 연애는 보다 견고하고 아름다운 결혼생활로 이어지게 된다.

인생사에서 연애와 결혼만큼 관심 있는 주제가 또 있을까? 마음 편히 앉아서 수다를 떠는 상황이 연출되면 어떤 주제로 이야기를 시작했건 간에 결국 사랑과 결혼에 초점이 모아진다. 이런 현상을 두고 흔히 '깔때기 이론'이라고도 한다. 생활사에서 그만큼 중요한 것이 연애와 결혼인 것이다. 그런데 냉정하게 따져보면 일반적으로 사람들이 기대하는 만큼 성공적인 연애나 행복한 결혼생활을 이어가는 이들을 만나기란 그리 쉽지 않다. 사실은 연애나 결혼에 대한 구체적인 준비가 없었기 때문이다. 이런 점에서 연애와 결혼은 일종의 지식이나 기술을 필요로 한다. 제대로 이해하고 사랑하기 위한 훈련, 서로에게 헌신하기 위한 기술, 궁극적으로 자기 마음을 제대로 전달하는 방법 등을 익혀야 두 사람이 인생 항로에서 만나 사랑을 쌓아가면서 여러 갈등 상황을 제대로 극복할 수 있게 된다.

창조주 하나님은 남자 혼자 있는 것이 좋지 않다고 말씀하시면서 배필을 만들어주셨다. 싱글로 사는 삶이 은사인 것을 깨달은 사람은 논외로 치고, 아무리 결혼에 대한 비관적인 이야기가 난무해도 일반적인 여성과 남성은 결혼을 통해 완전해질 수 있다. 그러므로 진중한 연애와 준비된 결혼이야말로 두 사람이 천국에 이르는 여정을 행복한 여행으로 바꾸어놓을 수 있는 비결인 셈이다.

아담이 이르되 이는 내 뼈 중의 뼈요 살 중의 살이라 이것을 남자에게서 취하였은즉 여자라 부르리라 하니라 이러므로 남자가 부모를 떠나 그의 아내와 합하여 둘이 한 몸을 이룰지로다

창세기 2장 23~24절

"참 사랑이 어떤 것인지
말씀을 통해 보여주신 하나님!

살아가는 여정 속에서
좋은 사람 만날 수 있는 기회를 허락해주시기를 간구합니다.
특히 인생의 여정 속에서 하나님께 영광을 돌리며
일생 동안 서로 이해하고 사랑할 수 있는
배우자를 만날 수 있는 은혜를 허락하여 주옵소서.
만나는 형제(자매)가 이상적인 배우자가 될 것만을
요구하는 것이 아니라 저 자신이 먼저 상대방이 신뢰할 만한
배우자가 되기 위해 노력할 수 있는 자세와 마음을 주옵소서."

연애 2

성적 남용 시대에 꼭 지켜야 할 골동품, 순결

현재 우리 사회는 성적 문란이 극에 달했고, 도대체 어디가 끝일지 가늠되지도 않는 상황이다. 다른 어떤 전염병보다 무서운 성의식의 개방 문제를 해결하기 위해서는 건강하고 건전한 성에 대한 의식을 재정비해야 할 필요가 있다. 게다가 자극적인 내용을 끊임없이 방영하는 대중매체는 감당하기 힘들 지경에 이르렀다. 그동안 수면 밑에서 이루어졌던 은밀한 성적 폐해가 부끄러움 없이 수면 위로 올라와서 이제는 하나의 문화적 코드가 되었다. 그중에 1998년부터 2004년까지 미국에서 방영된 시트콤 형식의 드라마 「섹스 앤 더 시티Sex and the City」와 같은 경우가 대표적이다. 2008년에는 영화로 제작되어 우리나라에서도 인기

몰이를 했었다. 「섹스 앤 더 시티」는 잘나가는 뉴요커 여성 네 명이 브런치 테이블에 둘러앉아 주로 성을 주제로 수다를 떠는 내용의 드라마다. 어느 문화비평가는 "그렇게 부끄러운 주제를 당당하게 말할 수 있는 오늘날의 자화상"이라고 평가했다. 이제는 성 문제를 더 이상 덮어두고 쉬쉬할 문제가 아닌 시대가 된 것이다.

사실 지금까지 교회 안에서 섹스, 즉 성에 관한 내용을 입 밖으로 내뱉는다는 것은 바람직하지 않다고 인식되었다. 또한 상식적인 범주에서 볼 때 비신앙인들 역시 말하기 껄끄러운 주제였고, 지금도 그렇게 인식되고 있다. 그러나 조금 더 주의 깊게 생각하면, 이런 태도가 성에 대한 올바른 이해를 방해하고, 성교육이 제대로 이루어지지 않는 원인일 수도 있음을 깨닫게 된다. 실제로 성에 대한 지식을 가졌더라도 건전함과는 거리가 멀고, 음성적으로 듣고 본 것들이기 때문에 수치심을 동반하는 경우가 많다. 그런 행동을 하면 할수록 양심에 가책을 받아 급기야는 정신적 파탄에까지 이를 수 있다.

드러내놓고 다루기 어려운 성적 문제에 대해 성경 말씀을 다시 살펴봄으로써 건강하고 건전한 태도를 유지할 필요가 있다. 그렇다면 성에 대한 건강하고 건전한 태도란 무엇일까?

첫째, 성은 결혼이라는 정당한 범위 안에서 하나님께서 우리 인간에게 주신 아름다운 선물임을 알아야 한다. 하나님이 사람을 처음 창조하실 때 남자와 여자를 만드셨다. 그리고 이들을 지으신 후 창세기 1장 31절에서 "보시기에 심히 좋았더라"고 평가하셨다. 이렇게 남자와 여자에게 성생활을 허락하셨는데, 이것은 하나님의 놀라운 지혜 안에서 이루어진 것이다. 성경 전체를 살펴보면, 하나님이 사람에게 성욕을 주시고 성생활을 허락하신 데에는 다음과 같은 세 가지 이유가 있다. 우선은 종족의 생육과 번성을 위함이요(창세기 1장 28절 참조), 둘째로는 남편과 아내 사이의 진정한 일치를 가져다주는 사랑의 표현을 위해서이고(창세기 2장 24절 참조), 마지막으로는 인간에게 즐거움을 주기 위해서다(잠언 5장 15~19절 참조). 일반적으로 첫 번째 이유와 두 번째 이유는 오늘날 기독교 안에서도 널리 받아들여지고 있다. 그러나 세 번째 이유, 즉 즐거움을 위해서 성이 주어졌다는 사실을 받아들이기 어려워하는 신자들이 아직도 많다. 왜냐하면 성을 선물이나 축복 같은 긍정적인 단어와 연관시키기보다 유혹이나 죄처럼 아주 부정적인 단어와 나란히 놓기 때문이다.

성을 추악하고 죄 된 것이며, 수치스러운 것이라고 느끼는 가장 큰 이유는 성을 단순한 신체 기능 중의 하나라고 생각하는 세속 사회의 영향 때문일 것이다. 첫 사람 아담의 범죄 이후에 모든 것이 왜곡되면서, 성 역시 뒤틀려진 상태로 세속 사회에 지속적으로 전달되었다. 그리하여 세속 사회에서 성에 대한 욕구를 가지게 되면서 성 그 자체는 음란, 간음, 동성애 등과 같은 것을 포함한 천박함의 대명사가 되었다. 그리고 성결한 삶을 추구해야 하는 그리스도인들은 이를 자연스럽게 금기시하게 되었던 것이다. 그러나 사도 바울은 고린도전서 7장 2절에서 "음행을 피하기 위하여 남자마다 자기 아내를 두고 여자마다 자기 남편을 두라"고 한다. 이 말씀의 본질적인 의미는 전후 문맥을 통해 살펴볼 때, 성적인 욕구란 사람에게 아주 본능적인 것이기 때문에 결혼을 통해서 성적 욕구를 해소하고 조절할 수 있어야 한다는 것이다. 그러므로 성에 대한 욕구 자체는 죄가 아니다. 오히려 하나님이 사람들에게 어떤 목적을 가지고 허락하신 것이다.

두 번째, 성과 관련하여 성경을 통해 확인할 수 있는 중요한 원칙은 성을 남용하거나 오용하지 말라는 것이다. 오늘날의 사회에서 '사랑과 결혼을 동반하지 않는 성은 죄악이다'라는 말은 시대에 뒤떨어진 의식으로 취급당하고 있다. 누구든지 단 몇 분만이라도 텔레비전을 시청한다든지, 전철을 타서 광고를 둘러본다든지, 연극 포스터를 본다면 이 사회가 얼마나 방탕과 음란의 열기로 후끈 달아올라 있는지 쉽게 발견할 수 있을 것이다. 대중 매체들은 사람들의 관심이 온통 성에 집중되어 있기라도 한 것처럼 여긴다. 또 현대인들 중 많은 사람들은 하나님이 주신 결혼 제도에 대해 의문을 제기하고, 결혼생활 자체가 무가치한 것이라고 주장하기도 한다. 그래서 혼전 동거, 계약 결혼, 부부 맞교환, 동성애 등과 같은 왜곡된 형태의 성적 남용이 새로운 도덕 질서라는 미명 하에 묵인되고 있고, 심지어 합법화되는 양상까지 보이고 있다.

그런데 더 큰 문제는 교회가 이러한 음란한 세대를 거스르지 못하고 있다는 사실이다. 우리나라의 경우는 그렇지 않겠지만, 미국 교회의 경우 많은 교회와 신자들이 성에 대해 바른 태도를 취하지 못하고 있다. 미국 기독교 잡지의 대명사라고 할 수 있는 『크리스채너티 투데이』가 기독교인 구독자 1,000명을 대상으로 설문 조사를 했다. 응답자 중에 23퍼센트가 배우자 이외의 사람과 성관계를 가졌다고 답했고, 45퍼센트가 성적인 면에서 넘지 말아야 할 선을 넘는 행동을 했다고 응답했다. 신자 네 명 중에 한 명꼴로 외도를 했고, 거의 반수의 신자들이 성적인 면에서 바르지 못한 행동을 했다고 한다. 오늘날 교회와 그리스도인들이 경건함을 유지하는 능력을 잃어버린 가장 큰 이유는, 현대 사회가 추구하는 정욕에 함몰되어 있기 때문이다.

신자답게 살고자 하는 그리스도인들에게 가장 장애가 되는 요소는 다름 아닌 왜곡된 성의 남용과 오용이라 해도 틀린 말이 아니다. 경건과 음란은 서로 배타적인 것이기 때문에 일단 음란한 세력에 붙잡히면 그 마수에서 헤어나기가 쉽지 않다. 음란한 시대에 경건의 능력을 가진 참된 그리스도인이 되기 위한 첩경은 올바르지 못한 성적 관계를 갖지 않는 것이며, 만약 그런 관계를 맺고 있다면 빨리 청산하고 회개해야 한다.

성 문제와 관련하여 또 하나 그리스도인들이 염두에 두어야 할 사실은, 하나님 말씀을 통해 훈계를 받아 순결 훈련을 받는 것이 필요하다는 점이다. 하나님이 주신 성을 남용함으로써 많은 가정에서 문제가 발생하고 있다. 성은 한 사람에게만 열려 있고 다른 모든 사람에게는 닫혀 있는 것이다. 이러한 하나님의 법칙을 넘어설 때 순결의 정도를 넘어 외도의 문제가 발생하게 된다. 이미 성적 남용 시대에 돌입한 현대는 '순결'이라는 단어를 가치 없는 골동품으로 취급하고 있다. 그러나 순결은 이 시대를 살아가는 그리스도인들을 향한 하나님의 거룩한 요구다. 그러므로 성에 대한 균형 잡힌 시각을 유지하면서 날마다 경건한 삶을 살아가기 위해 끊임없이 하나님께서 주신 교훈에 집중해야 할 필요가 있다. 순결을 유지하기 힘든 세상임에는 틀림없지만, 성을 창조하신 하나님의 도우심을 구하며 순결함을 유지하도록 해야 할 것이다.

아내는 자기 몸을 주장하지 못하고 오직 그 남편이 하며 남편도 그와 같이 자기 몸을 주장하지 못하고 오직 그 아내가 하나니 서로 분방하지 말라 다만 기도할 틈을 얻기 위하여 합의상 얼마 동안은 하되 다시 합하라 이는 너희가 절제 못함으로 말미암아 사탄이 너희를 시험하지 못하게 하려 함이라

고린도전서 7장 4~5절

" 우리의 한계를 누구보다
잘 아시는 창조주 하나님!

하나님의 사람으로서 경건함을 유지할 수 있는 은혜를 주옵소서.
다양한 매체들을 통해 끊임없이 퍼부어지는
성적 유혹들 앞에 자신을 잘 지킬 뿐만 아니라
우리 가정의 순결을 지키는 파수꾼이 되게 하옵소서.
나아가 음란한 세대를 변혁시킬 수 있는
시대의 소명자로서의 사명도 잘 감당하는
순결한 하나님의 사람이 되게 하옵소서. "

| 9장 |

교회와 세상에서 나는 왜 다른 모습일까?

prayers for everyday

교회에서처럼 세상에서도 인정받고 싶다면

불공평한 세상에서 왜 의롭게 살아야 하나?

나의 그리스도인다움은 무엇인가?

everyday

때때로 교회와 세상에서 분리된 삶을 사는 카멜레온 같은 자신을 발견합니다. 교회에서뿐만 아니라 일터와 세상에서도 거룩한 열망을 드러내는 사람으로 살길 원합니다. 일상의 삶 가운데 그리스도인다움을 회복하게 하옵소서.

일상 1

교회에서처럼 세상에서도 인정받고 싶다면

직장일과 가사일 모두 포기하지 않고 열정적으로 사는 여성들을 일컬어 '슈퍼우먼'이라고 한다. 또 자녀들을 위해 물불 가리지 않고 헌신하는 어머니를 '슈퍼 맘'이라 부른다. 그런데 직장에도 '슈퍼직장인'이 있다. 실직에 대한 두려움으로 인해 자신의 의지와 상관없이 지나치게 업무에 몰두하는 이들을 슈퍼직장인이라 일컫는다.

어느 취업 포털에서 조사한 결과에 따르면, 직장인 10명 중 4명이 슈퍼직장인 증후군을 겪고 있다고 한다. 직장 내에서 보이는 슈퍼직장인 증후군의 증상으로는 퇴근 후에도 업무에 대해 걱정하는 증상이나 회사일 때문에 사생활의 일부를 포기하는 증상, 그리고 업무에 대한 부담으로 휴가나 월차를 쓰지 못하는 증상 등이 있다. 생각해보면 직장상사나 동료들의 평가에 대해 지나치게 민감하다면 이런 현상이 초래될 수밖에 없을 것이다.

실제로 소그룹 모임에서 기도제목을 나누는 가운데, 한 형제와 함께 나눈 기도제목은 이 시대에 직장인으로 살아가기가 얼마나 힘겨운 일인지를 여실히 느끼게 해주었다. 직장에서 열심히 일하는 것으로 정평이 나 있는 형제였지만 새로운 일을 맡으면 밤잠을 못 이룬다고 한다. 상사들이 어떻게 평가할지, 동료들이 어떻게 볼지가 두렵다는 것이다. 때때로 "당신은 시키는 일은 잘하지만 알아서 해야 할 일은 잘하지 못해. 그래서 새로운 일을 맡기기가 어려워"라는 식의 이야기를 들을 때면, '난 왜 이렇게 인정받지 못하지?'라는 생각이 들면서 너무 속상하다는 것이다. 그러면서 "지금 새로운 일을 맡았는데, 그 일을 창의적으로 수행해서 칭찬받을 수 있도록 기도해주십시오"라고 기도제목을 정리했다.

모든 사람의 내면에는 태생적으로 인정받고 칭찬받고자 하는 욕구가 내재되어 있다. 오죽하면 고래가 다른 동물들에 비해 머리가 좋다지만, 그 고래를 춤추게 하는 동인조차 '칭찬'이라는 은유적인 표현이 나왔겠는가 싶다. 한번쯤 켄 블랜차드의 『칭찬은 고래도 춤추게 한다』를 읽어보는 것도 좋을 듯싶다.

그러나 인정과 칭찬을 받고 싶고, 그것이 사람을 신나게 하는 요인인 것을 알기에 나름대로 최선을 다해 일한다. 하지만 워낙 풍토가 냉소적인 조직 속에 있다보니 위축된 모습을 보일 수밖에 없는 상황도 있을 것이다. 또 많은 장점을 가졌음에도 불구하고 자신의 능력을 인정해주거나 칭찬에 인색한 상사와 선배들로 인해 한없이 쪼그라들어 남몰래 눈물 흘리는 이들도 있을 것이다. 도대체 이런 상황을 어떻게 극복해야 할까?

일단 현실을 냉철하게 보는 안목을 기르는 것이 중요하다. 하나님의 아들이신 예수님조차 세상으로부터 칭찬받지 못했다. 그럼에도 불구하고 예수님께서는 십자가의 길을 표표히 걸어가셨고, 만백성을 구원하셨다. 모든 사람이 인정받고 칭찬받는 곳은 천국밖에 없음을 기억하자. 이런 점에서 최선을 다해 일하고 있는데도 불구하고 칭찬받지 못하는 현실 앞에 주눅이 드는 것은 칭찬에 인색한 현실을 똑바로 바라보지 못한 탓일 수도 있다.

또 직장상사나 선배의 평가가 긍정적이지 않다면 우선 그들의 관점으로부터 벗어나 객관적으로 나 자신을 바라보는 자세가 필요하다. 그런 과정 속에서 자신이 현재 '느끼는 감정'과 '실제적인 현실'이 반드시 일치하지 않는다는 것을 발견할 가능성이 크다. 또한 '저분들은 원래 나를 싫어해'라는 선입견에서 벗어날 수도 있고, 다른 한편 자신이 잘못한 부분을 발견하고 이를 고치는 계기를 마련할 수도 있을 것이다.

구약성경 열왕기상 18장에는 오바댜라는 인물이 있다. 그리고 성경 역사에서 악한 왕의 대명사로 불리는 아합 왕이 등장한다. 그런데 아합 왕의 궁내대신인 오바댜는 '하나님을 경외하는 자'(열왕기상 18장 3절)로 소개된다. 악한 짓만 골라서 하고 우상숭배에 익숙한 왕과 왕비를 섬겨야 하는 상황에서 오바댜가 인정이나 격려를 받았을 리 만무하다. 과연 그의 심정은 어땠을까? 인정과 칭찬은 고사하고 이해받을 수 없는 현실 앞에 절망하며 당장이라도 때려치우고 싶은 마음이 간절했을 것이다. 그러나 오바댜는 계속해서 그 자리를 지킨다. 그 결과, 오바댜로 인해 100명이나 되는 하나님의 선지자들이 목숨을 건질 수 있었고, 엘리야 선지자와 아합 왕의 만남을 주선하여 갈멜 산에서 위대한 하나님이 살아 계심을 증거하는 역할도 감당했다. 그는 혹독한 상황에서도 하나님의 인정과 칭찬을 기대하며 그 자리를 지켰을 것이다.

스펄전 목사는 "우리가 기쁘고 감사한 얼굴을 갖기 위해서는 훈련해야 한다. 천국의 모습을 위해서는 훈련해야 한다. 그런데 지옥의 모습을 위해서는 훈련할 필요가 없다. 그 이유는 현재의 얼굴이 지옥의 모습이니까"라고 말했다. 이 말은 상당히 이중적이다. 그는 먼저 세상의 자연스러운 현실은 늘 지옥을 보여준다고 말한다. 그러니 칭찬에 인색할 수밖에 없다. 그러나 그리스도를 통해서 거듭난 하나님의 자녀들이 끊임없이 기쁨과 감사를 표현하는 연습을 한다면 칭찬과 격려가 있는 천국을 미리 맛볼 수 있음을 밝혀준다.

인생살이에서 인정받고 칭찬받는 삶을 사는 것은 무엇보다 중요하다. 사람들로부터 인정받을 때 자신감을 가지고 발전할 수 있으며, 인정받지 못할 경우 좌절감에 빠질 수밖에 없는 것이 사람이다. 그러나 서로에 대해 적대적인 사회적 분위기 속에서 인정받고 싶다면 내가 먼저 직장 동료나 이웃, 형제자매들을 인정하고 칭찬하는 데 인색하지 않아야 한다. 우리 모두는 황무지와 같은 척박한 삶의 현장에 내몰려 있지만, "그래, 저 사람은 믿을 만한 사람이야. 저 사람 때문에 살맛이 나"라는 칭찬을 받는 삶의 현장도 있을 것이다.

서로 돌아보아 사랑과 선행을 격려하며

히브리서 10장 24절

"우리의 머리털까지 헤아리시는
살아 계신 하나님!

많은 사람들이 저를 이해하고 있는 상황이 아닙니다.
그러나 실망하지 않고 하나님의 인정하심을 기대하며
제가 서 있어야 할 자리에 더욱 신실하게 서 있기를 소원합니다.
제가 인정받거나 칭찬받기 이전에
먼저 주변 사람들을 인정하고 칭찬하는 데 익숙해지게 해주시고,
그것을 통해 다른 사람들 역시
저를 잘 이해하고 인정하는 일들이 일어나게 하옵소서."

일상 2

불공평한 세상에서 왜 의롭게 살아야 하나?

의롭게 산다는 것은 바르게 산다는 것을 의미한다. 바르다는 것은 여러 가지로 해석할 수 있겠지만 치우침 없이 공평무사한 것을 의미하기도 한다. 그러나 우리의 일상은 사소한 일에서부터 의로움이 무너지고 만다.

부끄럽지만 고백하고자 하는 일화가 있다. 둘째인 딸아이가 초등학교에 입학하기 직전의 일이다. 딸아이가 과자 한 봉지를 들고 맛나게 먹고 있었다. 그 모습을 보니 입에 군침이 돌았다. "가은아! 아빠하고 나눠 먹자. 조금만 나눠 줘라." 돌아온 대답은 "싫어"였다. 나는 다시 이야기했다. "아빠가 나중에 많이 사줄게. 좀 나눠 먹자." 역시 돌아온 대답은 "싫어"라는 간명한 답이었다. 그 순간 왜 그리

섭섭하던지……. "그래. 너 나중에 두고 보자. 절대로 과자 안 사줄 거다." 그러고는 무던하고 양보를 잘하는 큰아이 손을 잡고 밖으로 나가서 여러 봉지의 과자를 사와서 딸을 약올리며 먹었다. 이 이야기는 어떻게 끝맺음되었을까? 그 광경을 죽 지켜보고 있던 아내로부터 "왜 그렇게 유치하냐?"라는 타박에서부터 "왜 그렇게 자기중심적이냐" "당신은 졸렬하고 의롭지 못하다"는 강력한 지적까지 받았다. 그날 토요일 오후에 우리 가족에게 평화는 없었다.

두 아이를 키우고 있다면 그중에 꼭 한 아이에 대해서는 상대적으로 더 관용적인 자신을 발견할 때가 있을 것이다. 또 친구들과의 관계에서도 어느 친구에게는 보다 적극적으로 마음을 열지만, 또 다른 친구에게는 그렇지 못한 자신의 태도를 발견하기도 한다. 학창 시절, 분명히 내가 더 잘했음에도 불구하고 칭찬은 엉뚱한 아이에게 돌아갔던 경험이 한 번쯤은 있을 것이다. 직장에서도 분명히 능력으로 보나 성실도로 보나 나보다 못한 입사 동기의 승진이 빠른 현실을 두고, 도대체 이런 현상을 어떻게 해석해야 할지 몰라 가슴앓이를 한 적도 있을 것이다. 그러나 반대의 모습을 한번 따져보자. 직장 내의 후배나 부하들 가운데 한 다리라도 건너서 혈연이든 학연이든 지연이든 조금이라도 연결되는 이들에게는 한없이 관대하지만, 그렇지 않은 이들에 대해서는 얼음장 같은 모습을 보이는 것은 또 어찌 해석할 것인가?

대부분의 사람들은 자신을 위한 공평함과 의로움에 대해서는 굉장히 민감하다. 그리고 '그것은 불공평하다'라고 외치기를 주저하지 않는다. 그러나 이렇게 말하는 것은 거의 나와 관련된 문제에 집약되어 있다. 결국 나를 위한 '의'인 것이다. 타인은 어떻게 되든지 나만 불이익을 당하지 않으면 되고, 나만 부당한 대우를 받지 않으면 된다는 의식이 '그것은 불공평하고 의롭지 못하다'는 외침의 저변에 깔려 있는 것이다.

라디오 프로그램에서 자기중심적인 계산법에 관한 이야기를 들은 적이 있다. 내용이 너무 황당해서 인터넷을 뒤져보니 유머 사이트에 다음과 같이 소개되어 있었다. 좀 길지만 그대로 인용해보겠다.

> 한 직원이 사장에게 하루 쉬겠다는 휴가원을 냈다. 그러자 사장이 직원에게 다음과 같이 말한다.
>
> "1년은 365일이지? 하루는 24시간이고, 그중 자네의 근무시간은 8시간이지? 하루의 3분의 1을 근무하니까 결국 1년에 자네가 일하는 날은 122일밖에 안 된다는 얘기야. 그중에서 52일의 일요일이 있고, 반만 일하는 토요일을 26일로 치면 겨우 44일이 남아. 그걸 자네가 다 일하나? 밥 먹는 시간에, 화장실 출입하는 시간에, 담배 피는 시간까지 합치면 하루에 최소한 3시간은 빠져. 그걸 다 빼면 자네가 일하는 시간은 27일이라는 소리지. 게다가 자네 여름휴가는 열흘이지? 그럼 17일이 남는군. 그중에서 신정, 설날, 삼일절, 근로자의날, 어린이날, 석가탄신일, 현충일, 광복절, 추석, 성탄절, 그리고 회사 창립기념일까지 휴일이 총 16일이야. 결국 자네가 제대로 일하는 날은 1년에 딱 하루다 이거야. 그런데 그 하루마저 휴가원을 내면 아예 놀

고먹겠다는 건가? 자네도 입이 있으면 대답 좀 해보게."

그러자 그 직원은 억울한 표정으로 다음과 같이 말했다고 한다.

"사장님, 전 너무 피곤해요. 왜 그런지 이유를 말씀드리죠. 우리나라의 4,800만 인구 중에 2,800만은 노인이나 실업자 또는 퇴직자들이죠. 그럼 남은 인원은 2,000만 명입니다. 그중에서 1,600만은 학생이거나 어린이들이죠. 그럼 400만 명이 남습니다. 현재 100만 명이 국방의 의무를 다하기 위해 군대에 가 있거나 공익근무 중이고, 100만 명은 국가공무원입니다. 그럼 200만이 남는 거죠? 또 180만 명이 정치를 하거나 지자체 공무원들이니 남는 건 20만 명, 그중에 18만 8,000명이 병원에 누워 있으니 겨우 1만 2,000명이 남죠. 그리고 1만 1,998명이 감옥에 가 있으니 결국 두 명이 남아서 일을 하고 있다는 얘깁니다. 바로 사장님과 저! 그런데 사장님은 매일 제가 올린 보고서에 결재만 하고 있으니 실제로 일하는 사람은 대한민국에서 오직 저 하나뿐이라고요. 제가 얼마나 피곤한지 아시겠죠?"

정말 자기 입장에서만 계산하는 황당한 계산법이다. 이것은 내가 배부르면 남도 배부른 줄 알고, 내가 기쁘면 남도 당연히 기쁜 줄 알며, 내가 슬프면 타인도 당연히 슬퍼해주어야 한다는 어처구니없는 사고방식이다. 사실 이렇게 자기 기준과 자기합리화에만 충실하게 모든 일들을 재단하는 사람들과 어울려 산다는 것은 생각만 해도 끔찍하다.

그리스 로마 신화를 보면 지나가는 행인에게 겁을 주어 침대에

눕혀본 뒤, 침대보다 짧으면 늘려서 죽이고, 침대보다 길면 잘라 죽였다는 무서운 산적 프로크루스테스Procrustes 이야기가 나온다. 가만히 생각해보면 하나님이 세우신 '의'를 따르기보다는 자기 계산법에 익숙해서 자신이 세운 기준을 따라 공의와 진리 자체를 굽게 만들어버리는 이들은 강하게 이야기하면 프로크루스테스를 닮은 사람들이다. 비윤리적이고 불법적이더라도 자기 계산법에 맞으면 합법이고, 자기 계산법으로 용납되지 않으면 수용하지 않는 것은 분명히 의로운 삶은 아니다.

그러므로 "그것은 의롭지 못한 것이고, 불공평한 것이다"라고 말하기 전에 한 걸음 뒤로 물러서서 꼭 해야 하는 말인지 점검해볼 필요가 있다. '자기중심'의 안경을 쓰고 상황을 살피고 판단하는 이상, 우리는 결코 객관적인 공평이나 정의와 관련 없이 사태를 파악하고 결론을 내리며 행동할 가능성이 크기 때문이다.

우리 모두는 "팔은 안으로 굽는다"는 말에 익숙하다. 그러나 성경은 우리에게 "오직 정의를 물같이, 공의를 마르지 않는 강 같이 흐르게 할지어다"(아모스 5장 24절)라고 권한다. 가정에서나 직장에서, 또 내가 속해 있는 공동체 내에서 불의한 것은 없는지 살펴볼 일이다. 친구를 대하거나 가족을 대하면서, 특히 자녀들을 양육하면서, 그리고 함께 일하는 사람들 가운데 나보다 위치가 낮은 사람들을 대하면서 특별한 확증 없이 차별하고 편애하는 일은 없는지 말이다. 하나님의 셈법에 익숙한 자신으로 인해 사람들이 날마다 새로운 희망을 발견하게 되기를 바란다.

공의와 정의를 행하는 것은 제사 드리는 것보다 여호와께서 기쁘게 여기시느니라

잠언 21장 3절

"십자가를 통해서
우리를 의롭다고 인정해주신 하나님!

하나님의 의로우심과 선하심을
선물로 받게 하신 것을 찬양드립니다.
의를 위하여 사는 자들이 고통당하는 것을 볼 때마다
포기하고 도망가버리고 싶은 때도 많습니다.
그러나 의를 위하여 핍박당하는 자는
복이 있다고 하신 주님의 말씀을 기억하며
힘들지만, 정말 힘들지만 좀 더 정직하게, 좀 더 바르게,
좀 더 적극적으로 의를 실천할 수 있도록
성령님의 도우심을 다시 한 번 간구합니다."

일상 3

나의 그리스도인다움은 무엇인가?

한 해 강력범죄 26만 건, 피해자 100만 명! IMF 구제금융과 글로벌 금융대란을 통과하면서 소비자 물가 상승률과 실업률을 단순 합산한 계량적 '고통지수'는 갈수록 경신되는 상황! 못 살 것 같은 세상을 억지로 사는 이들이 많아서인가? 독주毒酒 소비량 OECD 국가 가운데 2위! 청년실업 대란으로 인한 88만 원 세대의 증가!

대한민국의 사회적 현실 가운데 마음을 어둡게 만드는 요소들 중 몇 가지를 나열해본 것이다. 사실 눈을 조금만 크게 뜨고 우리가 몸담고 있는 직장이나 이 시대에 대해 생각해보면 우울한 일이 한두 가지가 아니다. 어느 한 가지를 지적할 필요도 없이 모든 상황이 어려움에 봉착하여 사람들을 우울하게 만들고 있다. 어두워진 마음을 환히 밝혀주는 사람도 없고, 살맛이 나도록 소금 같은 역할을 해주는 사람도 만나기 어렵다. 한마디로 "믿을 놈 하나도 없다"는 말이 딱 어울리는 세상이다.

그렇다면 이런 상황을 극복할 방법은 전혀 없을까? 예수님은 이런 시대에 진정한 빛이 되고 소금이 되어야 할 사람들은 바로 우리 그리스도인이라고 주저 없이 말씀하신다(마태복음 5장 13~14절). 이 말씀을 근거로 다시 한 번 정신을 가다듬고 생각해보면 세상 사람들이 더 사악해졌기 때문에 사회가 점점 부패하는 것이 아니라, 그리스도인들이 빛과 소금의 역할을 제대로 못하고 있기 때문에 세상이 어두워졌다는 결론에 이르게 된다. 냉정하게 말하면 세상이 살맛 나지 않는 것은 우리 그리스도인들이 빛 된 삶을 살지 못했기 때문이요, 맛을 잃은 소금이 되었기 때문이다. 말하자면 그리스도를 모르는 사람들의 잘못이 아니라 바로 그리스도인들의 잘못인 것이다.

이런 점에서 '조직의 80퍼센트는 20퍼센트의 헌신에 의해 유지된다'는 파레토의 법칙을 한번 생각해볼 필요가 있다. 잘 알려진 대로 대한민국의 기독교인 수는 전체 인구의 20퍼센트를 상회하고 있다. 파레토의 법칙을 그대로 적용한다면 기독교인들이 대한민국 사회를 변화시키는 동력이 되어야 하고, 그럴 가능성 역시 크다. 그러나 현실적으로 한국 교회와 기독교인에 대한 사회적 신뢰도는 그리 높지 않다. 2008년부터 매년 한국 교회의 사회적 신뢰도를 조사하여 발표하는 기독교윤리실천운동이 2008년도에 발표한 「한국 교회 신뢰도 조사」 결과에 의하면, 한국 교회는 5점 만점 기준에서 2.55점을 받아 낙제 수준을 겨우 벗어난 C- 학점인 것으로 나타났다. 또 대한예수교장로회 합동교단의 교육개발원이 기독교인과 비기독교인 1,258명을 대상으로 실시한 설문조사 결과는 더욱 충격적이다. 비기독교인 10명 가운데 기독교에 호감을 가진 사람은 1명(7.2퍼센트)이 채 되지 않았고, 10대 학생들은 거의 절반(46.5퍼센트)이 기독교에 전혀 호감을 보이지 않았다.

왜 이런 결과가 나왔을까? 아마도 그리스도인들이 '짜지 않은 소금, 밝히지 못하는 빛'으로 전락하면서 경건의 모양은 있으나 경건의 능력은 없기 때문일 것이다. 마틴 루터 킹 목사는 『한밤의 노크 소리』라는 책에서 이런 기독교인들을 '실천적 무신론자'라고 일컫는다. 킹 목사는 세상에는 '고백적 무신론자'와 '실천적 무신론자'라는 두 종류의 무신론자가 존재한다고 말한다. 하나님을 향한 신앙고백을 제대로 못하는 이도 무신론자이지만, 신앙고백은 잘하지만 삶 속에서 그리스도의 향기를 드러내지 못하는 이 역시 능력 없는 그리스도인이라는 것이다. 엄밀하게 말한다면, 다른 사람들이 신앙인인지 아닌지를 전혀 파악할 수 없기에 무신론자와 거의 다를 바 없다는 것이다.

원론적인 이야기일지 모르지만, 그리스도인으로서 다시 한 번 짚고 넘어가야 할 것은 우리가 '행하는 자'여야 한다는 사실이다. 교회마다 성경공부에 열심이고 설교 말씀이 홍수같이 넘쳐나지만, 행하는 자가 없다면 앞으로도 "예수님은 좋은데 교회는 싫다. 예수님은 좋은데 그리스도인은 싫다"는 이야기가 사라지지 않을 것이다. 이런 상황 속에서, 나 자신이 그리스도인이라는 것을 인정한다면 비록 손익계산을 했을 때 손해를 보고, 다른 사람들이 '별종'이라 할지라도 하나님의 말씀을 제대로 적용하는 삶을 사는지 되돌아보아야 한다.

외국인들이 우리나라에 와서 한국 교회를 보면 두 번 놀란다는 말이 있다. 첫째는 서울의 밤하늘에 수없이 빛나는 붉은 십자가 네온등과 교인들이 열정적으로 기도하는 모습을 보고 놀란다고 한다. 다른 한 가지는 열심히 기도하는 만큼 생활 속에서 실천하지 않는다는 데 놀란다고 한다. 한마디로 '교회 다니는 사람이 어떻게 저럴 수가?'라는 말을 들을 정도로 교회 안팎에서의 행동이 다른 기독교인들을 바라보면서 말만 번지르르하고 행함이 없음을 지적하는 말이다. 혹자들은 지나치게 과장된 말이라고 할지 모르지만, 이것이 제3자가 바라보는 교회와 기독교에 대한 시각이라면 나 자신에게도 책임이 있다는 사실을 부인할 수 없는 노릇이다.

오랫동안 교회를 다녔음에도 불구하고 자신이 그리스도인인 것을 밝히기를 꺼려하는 이들이 종종 있다. 그들의 말을 들어보면, 만약 자신이 예수님을 믿는다는 것을 밝히면 불이익을 당할 수도 있고, 다른 한편 자신과 같은 사람이 예수님을 믿는다고 표를 내면 예수님께서 공연히 욕을 먹지 않겠냐며 자기를 합리화시킨다. 그러나 그리스도인은 교회 안에서만 그리스도인이어서는 안 된다. 교회 안에서는 경건한 모습을 유지하지만, 교회 밖으로 나오면 경건의 모양조차 보여주지 못하는 우리이기에 사람들은 기독교를 조롱하기도 한다. 그러므로 '기독교인은 말쟁이나 뺑쟁이'라는 의식을 불식시킬 책임은 바로 나 자신에게 있다는 사실을 인정해야 한다.

기독교의 기독교다움을 나타내 보이고, 나아가 세상을 변화시켜 살맛나게 해야 할 거룩한 책무가 그리스도인들에게 있다. 그리고 세상에 의해 맛이 변질된 것에 대해 철저하게 자기반성을 해야 할 시점은 바로 지금이다. 성경은 우리가 바르게 살면 세상이 바뀐다고 엄위하게 말씀하고 있다. 때문에 우리는 세상에 '착한 행실'을 보여줌으로써 진정한 빛과 소금의 역할을 해야 한다.

내게 배우고 받고 듣고 본 바를 행하라 그리하면 평강의 하나님이 너희와 함께 계시리라

빌립보서 4장 9절

“우리로 하여금 삶 속에서
빛과 소금이 되라고 명령하신 주님!
세상 속에서 아무런 저항감을 느끼지 않고 살아갈 수 있는 것은
제가 서 있는 삶의 현장에서 하나님의 말씀대로 살아가기 위해
발버둥치지 않고 타협하기 때문인 것을 고백합니다.
세속의 상식과 기준대로 살아가라는 끊임없는 유혹 속에서도
하나님의 자비하심과 능력 주심을 믿으며
말씀대로 행하기 위해 진력하는 삶이 되게 하옵소서.”

| 10장 |

왜 교회 가는 게 즐겁지 않을까?

prayers for church

나는 왜 주일마다 교회에 가는가?

솔직히 말해 예배시간이 지루하다면

나를 지치게 하는 교회 봉사

church

너무 많은 교회 봉사 때문에 지치기도 하고, 예배시간이 그저 따분하고 지겹게 느껴질 때도 있습니다. 교회의 소중함과 예배의 기쁨을 다시 회복하고 싶습니다. 교회를 보듬을 수 있는 넉넉한 마음을 주시기를, 예배와 섬김과 교제 가운데 하나님이 계심을 누리게 하옵소서.

교회 1

나는 왜 주일마다 교회에 가는가?

신앙 상담을 하다보면 신앙을 가지는 것에 대해서는 별로 거부감이 없는데, 주일날 교회에 출석하는 것에 대해 부정적인 이들을 의외로 자주 만나게 된다. 다양한 기독교 방송 매체들이 쏟아내는 설교를 마음껏 듣고 볼 수 있고, 인터넷 기회지수가 세계에서 둘째가라면 서러워할 만한 사이버 환경을 가진 상황에서 마음만 먹으면 듣고 싶은 목회자들의 설교를 향유할 수 있기에 일면 이해가 가기도 한다. 실제로 소그룹에서 '주일성수'를 주제로 토론을 하다가 3대째 신앙을 가진 가문에서 태어난 한 형제는 다음과 같은 속내를 털어놓았다.

모태신앙이어서 교회는 어렸을 때부터 매우 친숙한 공동체입니다. 그리고 스스로 평가해볼 때 말씀을 멀리하거나 하나님을 믿지 않는 것도 결코 아닙니다. 단지 현재 고민하고 있는 것은 주일마다 반드시 교회에 나가야만 하는가의 문제입니다. 사실 집에 앉아서 인터넷에 접속하기만 하면 언제든지 예배를 드릴 수 있는 환경인데, 굳이 교회를 나가야 한다는 것이 아주 번거롭습니다. 이제 갓 낳은 어린애들 챙겨야지, 교회 가서도 아이 보느라 혼이 쏙 빠져 사실 주일예배는 뒷전인 경우가 대부분입니다. 예수 그리스도를 믿고, 나름대로 필요할 때 성경도 읽고 찬양도 하고 있다면, 꼭 특정 공간에 모여서 예배를 드려야 할 필요는 없다고 생각합니다.

또 호텔에서 근무하는 한 친구는 주일예배를 제대로 지키기 어려운 상황에 대해 다음과 같이 말하기도 했다.

지금 저는 직장의 특성상 주일 출근이 많습니다. 그래서 주일날 교회를 빠지는 일이 다반사입니다. 그러다 보니 저의 내면에는 신앙생활과 직장생활을 어떻게 병행해야 할 것인가에 대해 갈등과 부담이 많습니다. 일단은 사회인으로서의 역할에 충실하지 못하면서 교회에 열심히 나간다는 것은 이치에 맞지 않는다고 생각합니다. 그래서 당분간 주일예배에는 상황에 맞추어 출석하려고 하는데 그래도 마음이 편치 않습니다.

이런 이야기를 들으면서 "뭐 그리 핑계가 많아! 그냥 나오라면

나와"라고 쏘아붙이기에는 우리가 몸담고 있는 상황이 상당히 복잡하다.

한국 교회의 역사 속에서 신앙과 불신앙을 구분하는 기준으로 대두된 것 중에는 술, 담배, 절제, 주일성수 문제 등이 있었다. 그런데 술과 담배는 개인의 의지와 관련된 문제이니 논외로 치고, 주일성수 문제의 경우에는 사회 환경이 엄청나게 변화되고, 여러 종류의 직업이 생기면서 그 기준을 세우기가 쉽지 않다. 복음적으로 볼 때 주일성수의 중요성은 아무리 강조해도 지나치지 않지만, 우리는 주일을 지키기가 점점 힘들어지는 환경에서 살고 있다. 따라서 점점 다원화되고 복잡해지는 사회적 상황 속에서 주일을 주일답게 지킨다는 것은 과연 어떤 의미이며, 가용할 수 있는 절대시간이 점점 줄어드는 상황 속에서 주일성수 개념을 어떻게 이해해야 할지 고민이 클 수밖에 없다.

게다가 어떤 이들은 신앙이란 외적인 것이 아니므로 하나님을 향한 중심만 바로 서 있으면 된다고 주장하면서, 주일성수 개념은 율법적이고 낡은 것이라는 태도를 취한다. 또한 한창 집중적으로 일할 나이에 일과 관련 없는 것에 신경을 쓰는 것 자체를 힘들어 하는 일중독자들의 모습도 종종 확인할 수 있다.

이런 생각들은 일정 부분 맞기도 하지만 동시에 틀린 말이기도 하다. 그러나 모든 것을 차치하고 일단 생각해야 할 것은, 주중에 열심히 일하고 하루를 안식하는 것은 하나님의 창조 섭리라는 점이다. 7일을 한 주기로 하루를 안식하는 것은 노동생산성과 직결된다는 것을 증언하는 역사적 사건이 하나 있다. 러시아에서 공산주의 혁명이 일어난 후에 레닌은 기독교를 말살하기 위해 노동생산성을 높인다는 미명 아래 7일간 일하고 하루를 쉬게 하는 정책을 단행했다. 그러나 결과적으로 생산성이 높아지기는커녕 오히려 30퍼센트나 떨어졌다. 그래서 다시 시행한 정책이 5일간 일하고 하루를 쉬게 하는 것이었다. 그러나 이 역시 생산성을 높이는 데 도움이 되지 않았다. 그래서 어쩔 수 없이 6일간 일하고 하루를 쉬는 원래의 방식으로 되돌아왔다고 한다.

쉼 없이 일하는 것이 단기적으로는 높은 생산성을 유지할는지 몰라도, 긴 안목으로 내다본다면 결코 효율적이지 않다. 이런 점에서 미국의 작가인 제임스 보트킨James Botkin이 성공한 사람들의 시간 사용 패턴을 분석하는 과정에서 정립한 '15:4의 법칙'은 의미심장하다. "무슨 일을 시작하기 전에 15분 동안 무엇을 할 것인지 생각하면 나중에 4시간을 절약할 수 있다"는 의미로, 열심히 일하고 좋은 결과를 얻으려면 주일 하루를 안식하는 과정에서 창의적으로 자신을 갈무리하는 것이 얼마나 필요한지 웅변적으로 잘 정리해주고 있다. 창조주 하나님이 창조사역을 힘써 행하신 뒤에 안식을 하셨고, 새롭고 놀라운 일을 이루신 과정을 성경 속에서 확인한다면 충분히 공감할 수 있을 것이다. 그런데 우리가 당면한 다원화된 사회는 주일을 주일답게 지키고, 하루동안 영적 공동체 안에서 온전히 지내는 것을 여러모로 방해하고 있다.

실제적으로 점검해보자. 가만히 생각해보면 우리 현대인들은 너무 바쁘다. 바쁜 일상 속에서 어떻게 주일을 지킬 것인가? 이런 경우에는 무엇보다 먼저 나를 위해 투자하는 시간들을 희생할 각오가 필요하다. 오락이나 여가 시간과 스트레스를 푸는 데 사용하는 시간을 질적으로 사용하고, 필요할 경우에는 그것들을 포기하는 신앙적 결단이 있어야 비로소 주일을 지킬 수 있는 시간이 확보된다. 주님에 대한 사랑을 표현하기 위해 주일날 교회에서 예배 드리고 말씀 듣는 것만으로도 얼마든지 스트레스를 풀 수 있다고 말하는 신앙 선배들의 이야기도 경청해보자. 또한 같은 맥락에서 주일에 잔업이 많은 직장이라면 주일 외의 휴일, 특히 다른 사람들이 일하기 싫어하는 명절에 근무를 자청하는 등 희생을 각오하면 얼마든지 주일을 지킬 수 있을 것이다.

그런데 여기서 한 가지 주의할 것은, '예배를 드리는 것 외에는 모두 속된 일'이라는 편견에 빠지지 말아야 한다는 점이다. 주일을 지키기 어려운 직업이라는 이유로 아무도 그 일을 하려고 들지 않는다면, 온 천하에 복음을 전하라고 요청하신 주님의 지상명령은 결코 이루어지지 않을 것이다. 이런 점에서 주일 근무를 할지라도 '주님께 하듯' 성실하게 해야 하기 때문에 필요에 따라서는 주일에도 일을 해야 할 경우가 있다. 이런 상황에서는 하나님의 자녀로서의 영성을 잃어버리지 않기 위한 개인적인 경건훈련이 함께 이루어져야 한다. 그러나 계속 주일을 지키지 못해 신앙심에 문제가 생겼다고 느껴질 경우, 부서를 옮긴다거나 경우에 따라서는 직장이나 직업을 바꿀 필요도 있다.

점점 쉽고 편하게 생활하려는 흐름 속에서 '꼭 주일날 교회에 가서 예배를 드릴 필요가 있을까?'라는 생각이 들 때 기억해야 할 것이 있다. "믿음은 공동체 구성원들과 함께 모일 때 더욱 성숙된다"는 것이다.

신학적으로는 교회를 '믿는 자들의 모임'이라고 간명하게 정의한다. 이 정의에서 '믿음'이라는 단어와 '모임'이라는 단어에 주목해보면 신앙의 성숙이 교회를 통해서 이루어진다는 것을 좀 더 쉽게 이해할 수 있을 것이다. 분명히 우리가 홀로 골방에서 하나님 앞에 나아갈 때도 그분은 임재하신다. 그러나 잊지 말아야 할 것은, 그리스도의 피로 거듭난 거룩한 하나님의 자녀들이 공동체 속에서 함께 말씀을 듣고 긴밀하게 교제하면서 어깨를 걸고 사역할 때 세상을 하나님 나라로 바꿀 수 있다는 점이다. 그러므로 여러 가지 상황 때문에 힘들더라도 주일날 교회에 함께 모여 예배를 드릴 필요가 있다.

결국 주일성수의 문제는 주일에 일해도 되느냐 안 되느냐의 문제가 아니며, 주일날 열심을 기울여야 할 예배와 봉사를 위해 다른 날들을 적당히 살아도 된다는 성격의 문제가 아니다. 주일은 하나님의 창조 질서를 따라 열심히 일한 사람들이 공동체적 예배를 통해 하나님의 임재와 영적인 쉼을 체험하는 날이다. 또한 이를 통해 자신을 잘 갈무리하고 이후에 주어진 날들을 최선을 다해 살아가도록 전환점이 되는 날인 것이다.

할렐루야, 내가 정직한 자들의 모임과 회중 가운데에서 전심으로 여호와께 감사하리로다

시편 111편 1장

"우리 모임 중에 임재하시는 주님!

주일, 형제자매들이 함께 모여

주님께 드리는 예배 가운데 오시옵소서.

한 주간 여러 가지 일들로 부대끼며 상처받은 나의 갈한 심령이

주일 예배당에 모여 하나님을 찬송할 때 회복되게 하시고,

말씀을 들을 때 치유되는 은혜를 경험하게 하옵소서.

세상이 알지 못하겠지만

주일예배를 통해 하나님을 향해 나아갈 때마다

하나님과 저와의 관계가 더욱 깊어져서

거친 세상을 넉넉히 이길 힘을 공급받게 하옵소서."

교회
2

솔직히 말해 예배시간이 지루하다면

바람직한 교회생활에 대한 강의를 진행할 때 "좋은 예배가 좋은 예배자를 만듭니까? 아니면 좋은 예배자가 될 때 좋은 예배가 드려집니까?"라는 질문을 종종 하게 된다. 말장난 같지만 대답은 뻔하다. 예배 공간이 잘 꾸며져 있거나 예배 드리는 순서처럼 환경적 요소들이 훌륭하다고 좋은 예배가 드려지는 것은 결코 아니다. 하나님을 향한 중심을 흩뜨리지 않고 예배의 본질에 충실한 예배자들이 모일 때 예배는 예배다워질 수 있다.

그리스도인의 신앙생활과 교회생활에서 가장 중요한 것은 바로 예배다. 훈련을 받는 것도 중요하고, 교제를 하는 것도 중요하고, 사역을 하는 것도 중요하고, 선교를 하는 것도 중요하지만, 신앙인에게 가장 중요한 것은 하나님께 신령과 진정으로 드리는 예배다.

예배가 하나님께만 영광을 올려드리는 본질에서 벗어나 형식적이거나 습관화되면, 그 영혼은 영적으로 굳어지고 급기야는 죽고 만다. 그래서 그리스도인은 예배생활이 살아야 제대로 살 수 있다. 어느 목사님이 쓴 글 중에서 예배시간에는 다음과 같은 일파들이 있다는 대목을 본 적이 있다.

> 설교시간에 멀거니 강단을 응시하는 딴생각파, 주보에 낙서를 하고 교정까지 보는 낙서파, 졸면서 끄덕끄덕 콤마를 찍는 수면파, 수시로 시계를 들여다보는 시간절약파, 옆 사람과 글로 대화하는 쪽지파, 예배 후에 있을 회의를 준비하는 회의파, 성경 읽기로 시간을 때우는 실속파 등이 있다.

당신은 어느 파에 속하는가? 이도 저도 아닌 쪽파인가? 어떤 의미에서 한국 교회는 예배지상주의에 얽매여 있는 것처럼 보인다. 교회 내의 모든 모임은 예배로 시작해서 예배로 끝난다. 교회 내에서만이 아니라 야외로 들놀이를 가더라도 예배로 시작해서 예배로 끝이 난다. 그러나 정작 심각한 문제는 예배를 많이 드린다는 것이 아니라, 예배가 형식적인 요식 행위로 대충 치러진다는 데 있다.

심지어 구역 식구 서너 사람이 모인 소규모 모임조차도 예배라고 인식하는 구역 인도자들이 많다. 확신 없이 부르는 찬송, 냉랭하게 암송하는 기도문, 그리고 권세 있는 성경 말씀이 선포되어야 할 설교시간이 그저 세상의 잡다한 이야기와 섞여 전달되는 예배는 상상만 해도 끔찍하다. 게다가 여러 해 동안 예배에 참석해본 이들은 예배 순서가 머릿속에 박혀 있기 때문에 언제 눈을 감고 잠을 청할 수 있는지, 또 어느 부분에서 눈을 떠야 하는지 너무나 잘 알고 있다. 그러다 보니 우리가 적극적으로 예배에 참석하고, 하나님의 임재를 느끼며 예배를 드리기란 매우 어렵다. 하지만 그리스도인으로서 예배에 참석하는 것은 필수적이며, 하나님께 예배를 드리는 것은 우리의 본분이다. 그러므로 예배의 횟수나 형식을 따지기 전에 예배를 드리는 자신의 자세가 어떠한지 먼저 점검해야 한다. 이것은 나 자신이 예배자로서 예배를 드릴 때마다 살아 계신 하나님 앞에 서 있다는 의식을 가지고 신령과 진정으로 드리는가를 점검해야 한다는 말이다.

초대교회 당시 '황금의 입'이라는 별명을 가졌던 교부 요한 크리소스톰의 예배와 관련된 일화는 우리가 예배를 어떻게 드려야 하는지를 보여준다. 콘스탄티노플의 대주교까지 역임했던 그는 한 시골 교회 신도들이 예배 인도자가 없어서 고민하는 것을 보고 아무런 배움도 없는 시골 촌부 한 사람을 인도자로 지명했다. 몹시 걱정이 되기는 했지만 시골 교회에 가볼 기회가 없었다. 그 후 세월이 어느 정도 지난 어느 날, 그 교회를 방문하여 예배시간에 뒷자리에 조용히 앉았다. 그런데 예배를 드리는 동안 그 농부의 설교와 예배 인도를 통해 크리소스톰은 큰 감동과 은혜를 받았다. 예배가 끝난 후 크리소스톰은 "아니, 어찌 그렇게 은혜롭게 예배를 인도하십니까?" 하고 농부에게 물었다. 이 물음에 농부는 눈을 둥그렇게 뜨더니, "아니, 그렇다면 은혜롭지 않게 예배를 드릴 수도 있단 말입니까?" 하고 되물었다고 한다.

관습화된 예배가 되지 않도록 하기 위해 앉은 자리에서 열정적으로 찬양하고 말씀을 경청한다면 그 시간은 천국을 미리 경험하는 기회가 될 것이다. 앞서 인용한 루터의 "우리 마음이 말씀에 잠기고 우리 입술이 마음껏 찬송할 수 없는 한, 결코 종교개혁은 종결되지 않는다"는 말은 우리에게 예배 집중의 중요성을 일깨워준다.

영적 공동체에 속한 모든 회중이 함께 모여 하나님의 이름을 거룩하고 영광스럽게 하는 예배가 드려지면 우리의 영혼도 기쁨을 회복할 수 있을 것이다. 그러나 이와 더불어 좀 더 생각해야 할 것이 있다. 그것은 바로 일주일에 한 번 드리는 예배를 통해 성도들이 감동을 받는 것으로 모든 예배가 종결되는 것이 아니라는 점이다. 주일예배를 통해 은혜를 받고 성령 충만을 경험했다면, 곧바로 자신과 이웃의 삶을 새롭게 하기 위해 세상으로 나아가야 한다는 점이다. 즉, 삶 전체가 예배의 영역 안에 있어야 하는 것이다.

그러므로 예전에 입각한 예배를 드릴 때에도 신령과 진정으로 드려야 하지만, 일상생활 가운데서도 진정한 예배정신, 열렬한 신앙심, 하나님에 대한 임재의식 등을 불러일으키는 찬양과 말씀을 가지는 것은 진정한 예배자가 되기 위한 필수적인 요소다.

사실 예배와 관련하여 주로 예전에 익숙해져 있는 우리들인지라 형식조차 보장되지 않는 일상 속에서 예배자로 서 있어야 한다는 것은 어려운 일이다. 특별히 내가 일하는 현장에서 예배정신을 발휘한다는 것은 보통 큰 도전이 아닐 뿐더러, 예배정신을 어떻게 표현해야 하는지도 모호한 게 사실이다. 그러나 그리스도인들이 예배자로 서 있어야 할 자리는 단지 주일예배를 드리는 예배당 의자 한 귀퉁이가 아니다.

우리가 그리스도인이고, 하나님 앞에 선 예배자라는 것을 인식하고 있다면 일상의 삶 전체를 하나님을 예배하는 삶으로 변모시켜야 한다. 즉, 예배자인 나 자신이 서 있는 곳이 바로 예배하는 현장임을 인식하는 것이야말로 성경이 우리를 향해 요청하는 삶이다. 주일을 제외한 6일간의 삶도 예배이며, 이런 맥락에서 엿새 동안 힘써 일하면서 하나님을 제대로 섬긴 그리스도인이 주일예배 때 더욱더 감격적인 예배를 드릴 수 있는 것이다. 예배 따로, 삶 따로라는 느낌이 든다면 다시 한 번 자신이 '진정한 예배자'인지 점검해볼 필요가 있다. '일상의 예배'를 주장하는 폴 스티븐스 교수는 한국 교회를 방문한 자리에서 다음과 같이 말했다.

> 교회는 원래 모였다가 헤어지는 곳입니다. 그것이 교회의 리듬이자 본질입니다. 그저 예배당 건물에 앉아 강대상만 바라보는 곳이 아닙니다. 교회는 '에클레시아*Ekklesia*'이자 '디아스포라*Diaspora*'이지요. 그러므로 여러분의 교회가 직업뿐만 아니라 다른 모든 영역에서도 에클레시아인 동시에 디아스포라를 지향할 수 있다면, 다시 말해 신앙을 일상생활에 연결할 수 있다면 놀라운 변화를 경험하게 될 것입니다.

아버지께 참되게 예배하는 자들은 영과 진리로 예배할 때가 오나니 곧 이때라 아버지께서는 자기에게 이렇게 예배하는 자들을 찾으시느니라

요한복음 4장 23절

"진정한 예배자를 찾으시는 하나님!
주일예배에 집중함으로써 팍팍한 저의 삶 속에
은혜의 샘이 끊어지지 않는 기쁨을 허락해주옵소서.
무엇보다 일상의 삶의 현장이
하나님을 높여드리는 예배의 현장이 되게 하셔서
성령의 기름 부으심을 날마다
맛볼 수 있도록 인도해주옵소서."

나를 지치게 하는 교회 봉사

"세상이 너무 어지러워."

"왜 이렇게 사회가 혼란스러워?"

"도대체 마음 둘 곳이 없어. 경제도 어려운데 어떻게 살아야 할지 도무지 모르겠어."

단 하루라도 마음 편히 살았으면 좋으련만, 도무지 세상은 우리를 도와주지 않는다. 모두가 '어렵다'는 말을 입에 달고 사는 상황 속에서 도대체 어디에다 희망을 두고 살아야 할지 고민하지 않을 수 없다. 이런 가운데 만물을 다스리시는 분이 바로 하나님이심을 믿는 하나님의 자녀들은 주님의 교회만이 세상에 희망과 용기를 줄 수 있는 유일한 공동체라는 인식을 가지고 있다.

과연 교회가 이 세상의 유일한 희망 공동체일까? 이런 질문에 고개를 갸웃거릴지도 모르겠지만, 역사는 자기희생을 기본 전제로 삼는 교회만이 세상 사람들에게 오롯이 희망을 드러내 보일 수 있는 소망의 그루터기라고 증언한다.

2008년에 세상 공동체가 말하는 여러 가지 희망적인 슬로건이 참 덧없다는 사실을 보여주는 한 가지 사건이 일어났다. 8월 8일, 북경에서 열린 제29회 베이징올림픽은 중국이 100년을 기다려 준비해왔다는 역사적 행사였다. 새로운 세기에 중국이 떨쳐나서는 모습을 보여주기 위해 준비된 개막식과 목표를 향해 힘찬 몸짓을 보여주는 선수들의 모습은 단연 전 세계의 이목을 집중시키기에 충분했다. 베이징올림픽은 '하나의 세계, 하나의 꿈One World, One Dream'이라는 슬로건을 내걸었다.

이 슬로건은 전 세계 사람들 누구든지 물리적으로나 심리적으로 억압받지 않고 기쁨을 공유할 수 있는 평화로운 세계를 꿈꾼다는 점에서 충분히 지지받을 만했다. 그런데 슬로건이 아무리 좋고 지향점을 설명하는 수사가 화려해도 평화를 깨뜨리는 인간의 본성과 세상은 전혀 변하지 않았다는 것을 올림픽 개막식이 열리던 날 확인할 수 있었다. 러시아가 친러시아계 자치공화국인 남오세티아를 공격한 그루지야의 수도 트빌 시에 보복 공격을 가하면서 전쟁이 일어난 것이다. 당시 언론들이 전한 바에 의하면, 블라디미르 푸틴 러시아 총리는 붉은 폭죽이 베이징 하늘을 수놓으며 '하나의 세계, 하나의 꿈'이라는 슬로건이 휘날리던 올림픽 개막식 현장에서 "남오세티아에서 전쟁이 시작됐다"고 시인했다. '하나의 세계'

라는 슬로건은 한마디로 '하나의 꿈' 같은 이야기에 지나지 않았던 것이다.

세상은 항상 한편으로는 천사의 얼굴로, 다른 한편으로는 악마의 얼굴로 우리 앞에 그 실체를 드러낸다. 베이징올림픽이 열리던 시기에도 한쪽에서는 피부색과 언어, 인종의 차이에도 불구하고 세계는 하나라는 꿈을 향해 세계인들이 힘찬 전진을 해야 한다는 웅장한 노래를 부르고 있었다. 하지만 다른 한쪽에서는 전쟁의 포연 속에 수천 명의 사람들이 피를 흘리며 죽어가고 있다는 것이 냉혹한 현실의 모습이었다. 결국 아무리 계몽을 해도 인간의 악한 마음은 변하지 않으며, 인간은 진정한 평화의 주체이신 하나님에게서 멀리 떨어진 존재라는 것을 재확인할 수밖에 없다. 종교개혁자 칼뱅은 『기독교 강요』 제1권에서 "우리는 우리 속에 있는 악마적 본성을 설득해 하나님의 선한 일들을 생각해야 한다"고 지적한다. 실제로 하나님께 설득당하지 않은 상황에서 아무리 인간의 가슴에 와닿는 슬로건을 내걸지라도 현실은 결코 변하지 않는다는 것을 역사가 증언한다.

이런 상황에서 그리스도의 십자가를 통해 타인을 위한 희생과 섬김의 상징이 된 영적 공동체인 교회가 제대로 교회답기만 하다면 세상 사람들이 믿을 만한 희망 공동체서의 역할을 감당할 수 있을 것이라는 확신이 든다. 그러나 솔직히 한국 교회의 현재 모습만 놓고 본다면 교회가 세상 사람들을 위한 소망의 그루터기로 서 있다고 자신 있게 말하기란 어려운 상황이다. 한국 교회에 몸담고 있는 이들을 향해 세상 사람들은 "예수는 좋은데 기독교는 싫다" "예수는 좋은데 교회는 싫다" "예수는 좋은데 기독교인은 싫다"고 냉소적인 말들을 쏟아내고 있기 때문이다.

그러나 따지고 보면 과거 한국 교회만큼 우리 민족에게 소망을 심을 수 있는 공동체는 없었다. 구한말, 이 땅에 그리스도인들의 수가 많지 않았을 당시에 교회가 세워진 곳에서는 부정부패를 저지르기 어려워 지방행정관으로 부임하기를 꺼렸다는 기록이 있다. 또 1919년에는 한국 교회의 성도 수가 전체 인구 1,600만 명의 1.3퍼센트인 20만 명에 지나지 않았다. 그럼에도 한국 교회는 3·1운동을 주도했고, 민족의 명운을 책임진 희망의 보루라 일컬어졌었다. 뿐만 아니라 1970년대와 1980년대까지만 해도 우리나라의 암울한 현실을 외면하지 않고 새날을 위해 몸부림치던 주역들이 바로 기독교인들이었다. 또한 식을 줄 모르는 뜨거운 신앙적 열정과 적극적인 신앙생활은 20세기 말에 이르러 세계 교회가 주목하는 업적을 일구어내기도 했다.

그런데 어느 때부터인가 한국 교회의 사회적인 명성과 공신력이 종잡을 수 없을 정도로 실추되기 시작했고, 영향력 역시 감소되었다. 심지어 일각에서는 이제 한국 교회는 '눈먼 삼손'이 되었다고 조롱하기도 한다. 조금이라도 뜻을 가진 한국 교회 구성원이라면 문제의 원인이 무엇인지 고민하지 않을 수 없는 상황이 되었다. 즉 의식 있는 그리스도인이라면 이런 상황에서 우선적으로 해야 할 일이 무엇인지 진지하게 검토해야 할 것이다.

자기 성찰에 인색한 공동체일수록 쉽게 와해된다는 말이 있다. 그러므로 왜 세상 사람들이 한국 교회와 성도들을 향해 "교회를 보면 별로 감동되는 것이 없다"고 말하는지 우리 자신을 돌아보아야 한다.

선교 초기의 한국 교회는 분명히 민족의 등불이었다. 어느 사회를 막론하고 한 종교가 전체 인구의 25퍼센트를 차지하게 되면 나름대로의 문화를 형성할 수 있다고 한다. 한국 기독교는 현재 6만 곳의 교회와 1천만 명 이상의 인적 자원을 자랑하고 있다. 만약 우리가 섬기는 교회 내에서 냉소적 비판을 그치고 내적 에너지를 효율적으로 결집해서 치유받고 회복되어야 할 교회 내의 공동체 구성원들과 지역사회, 좀 더 넓게는 우리 사회를 온전히 섬긴다면 분명히 교회는 성숙해질 것이고, 세상 사람들의 교회에 대한 인식도 달라질 것이다.

우리가 섬기는 교회뿐만 아니라 한국 교회 전체가 이렇게 성숙한 교회로 변모하기 위해서는 목회자의 의식 있는 변화가 절대적으로 필요하다. 동시에 주님의 교회가 수행해야 할 복음적 사명을 제대로 감당하기 위해 헌신하고 봉사하는 성도들도 매우 중요하다. 나이가 들어가면서 사회적으로 점점 책임 있는 위치에 서게 되고, 일의 분량이 늘어가면서 교회 내에서의 섬김을 회피하고 싶어 하는 성도들도 많을 것이다. 그래서 연말마다 교역자들이 성가대, 주일학교 교사, 주차 봉사, 특수사역 섬김 등을 의뢰해오면 피하고 싶은 것이 현실이다. 따지고 보면 주중에도 홍수같이 밀려오는 일에 시달리는데, 주일까지 일에 내몰린다면 썩 내키지 않을 것임은 자명하다. 게다가 '충성'이나 '헌신'이라는 말까지 들리면 아연실색할 수밖에 없다.

어느 공동체나 마찬가지겠지만, 사실 핵심 멤버는 그리 많지 않다. 대부분의 멤버들은 구경꾼일 가능성이 크다. 교회 공동체도 예외 없이 이런 양상을 띠기는 마찬가지다. 어느 미국 신학자가 교회 내 구성원들의 분포를 분석했는데, 10퍼센트의 헌신하는 핵심 교인이 있고, 그 주위를 둘러싼 30퍼센트의 신자들이 있으며, 나머지 60퍼센트는 '흔들의자에 앉아 있는 사람들'이라는 표현을 썼다. 소위 '빤질이' 신자들이 전체 교인 가운데 약 60퍼센트를 차지한다는 것이다.

"주일날은 저에게는 한마디로 '죽일 날'입니다. 주중에는 육체적으로 너무 힘든데, 주일날 새벽부터 밤늦게까지 교회 봉사 때문에 너무 힘들어서 정신을 못 차리겠어요"라고 하소연하는 이들을 만날 때면 안쓰러운 마음이 앞선다.

이런 이들도 있다. "나는 지금 여건이 좋지 않기 때문에 교회에 헌신하기 어렵다. 하지만 시간적으로나 물질적으로 여유가 생기면 교회에 충실하게 봉사하겠다. 일단은 주일예배만 드릴 수 있게 해달라."

일면 맞는 말이다. 주일 자체가 안식일이 되지 못하고 6일 내내 숨 쉴 틈 없이 뺑뺑이(?)를 돌았는데, 하루 정도는 안식해야 하는 것이 창조 질서의 원리이기 때문이다. 그러나 주일예배만 드리고 온데간데없이 사라져버리는 것은 결코 바람직하지 못하다. 물론 지나치게 일을 많이 맡거나 마음의 짐 때문에 고민하는 것 역시 바람직하지 않은 일이다.

그러나 무엇보다 중요한 사실은 교회란 우리가 함께 세워나가야 할 주님의 몸이라는 것이다. 하나님께서 우리에게 교회를 섬기기에 적절한 은사를 주신 것은 그것을 통해 영광 받으시기를 원하고, 교회 내 다른 구성원들을 섬기도록 특권과 책임을 주신 것임을 이해할 필요가 있다. 성가대를 통해 하나님께 찬양을 드리면서, 다른 성도들이 예배를 잘 드릴 수 있도록 도우면서, 아이들을 가르치면서, 때로는 주방에서 음식을 만들면서, 주차관리를 하면서, 교회가 필요로 하는 특수사역에 임하면서, 때로는 하나님께서 허락하신 물질을 드리는 헌금을 통해서도 만족과 기쁨을 얻을 수 있어야 한다. 다시 말하면, 자신에게 주어진 은사를 가지고 적절하게 교회를 섬김으로써 쉼과 회복을 얻을 수 있는 기회로 삼아야 한다.

이런 점에서 중국내지선교회를 설립한 허드슨 테일러 선교사의 "작은 일은 작은 일이다. 그러나 작은 일에 신실한 것은 큰 일이다"라는 이야기는, 영적 공동체를 향한 섬김의 자세를 어떻게 추슬러야 할지 큰 울림을 주는 말이라는 생각된다.

각각 은사를 받은 대로 하나님의 여러 가지 은혜를 맡은 선한 청지기같이 서로 봉사하라 만일 누가 말하려면 하나님의 말씀을 하는 것같이 하고 누가 봉사하려면 하나님이 공급하시는 힘으로 하는 것같이 하라 이는 범사에 예수 그리스도로 말미암아 하나님이 영광을 받으시게 하려 함이니 그에게 영광과 권능이 세세에 무궁하도록 있느니라 아멘

베드로전서 4장 10~11절

"교회를 세워주신 주님!
대가를 바라지 않으신 십자가에서의 희생과
흘려주신 보혈로 주님의 교회만이 이 세상의 유일한
희망 공동체인 것을 증명해주시고,
그 구성원으로 저를 불러주신 것 감사합니다.
주님의 나라와 교회를 위해 섬기라고 주신 은사들을
하나님의 제단 앞에 올립니다.
받아주시고, 작은 섬김이지만 이 안에서 하나님의 살아 계심이 나타나
아직 하나님을 모르는 사람들이 하나님을 알고 믿게 되는
위대한 일이 나타나게 하옵소서."

| 11장 |

우리 집, 정말 행복했으면

prayers for home

모든 상황이 변해도 그 자리에 있는 가족

가족을 위한 가장 큰 선물, 함께하는 것

가정의 행복은 저절로 굴러들어오지 않는다

다 자녀들 잘되라고 하는 일?

home

때로 가정에서 받았던 상처나 당장 눈앞에 놓인 일과 직장 때문에 가정의 소중함을 잊어버릴 때가 많습니다. 친구보다 소중한 관계인 가족을 가슴과 손길로 품을 수 있게 하시고, 가정을 통해 내가 누려야 할 사랑만큼 부모님과 자녀들도 누리게 되길 원합니다.

가정 1

모든 상황이 변해도 그자리에 있는 가족

젊은 세대들은 기성세대들을 죄악시해서는 안 됩니다. 이 지상에는 우리보다 잘사는 사람이 많지만, 남의 가슴에 못질하지 않고, 피눈물 흘리지 않게 하고 이만큼 사는 대한민국 같은 나라 있으면 나와 보라고 하세요. 우리가 남겨두고 가는 뗏목이 삐걱거린다고 탓하지 말고 두 손으로 불끈 그 키를 잡으세요.

우리 사회에서 세대간의 갈등이 큰 것을 보며 이어령 선생이 했던 말이다. 세대간의 격차가 아무리 커도 사랑이 모든 허물을 덮고, 그 사랑이 의사소통을 가능하게 할 수 있다는 상징적 의미를 던져준 영화 한 편이 있다. 2002년 상반기에 개봉된 「집으로」라는 영화다. 깡촌에 사는 일흔일곱 살의 할머니와 도시에서 온 싸가지(?) 없는 일곱 살짜리 외손자가 짧은 기간 산골에서 동거한 이야기를 영화로 만든 것으로, 수백만 명의 관람객을 동원하기도 했다. 영화 끝에 내보낸 '이 땅의 모든 외할머니께 바칩니다'라는 자막은 아무리 못된 짓을 해도 마냥 받아주던 너른 품을 가진 할머니에 대한 아련한 향수와 기억의 흔적을 관객들에게 선사했다. 물론 비평적으로 보자면 너무나 버릇없는 손자를 따끔하게 혼내주기도 해야 하고, 할머니도 자기주장을 가져야 한다고 말할 수도 있다. 그러나 어쨌든 영화 「집으로」는 우리 할머니들의 따뜻한 마음을 여지없이 보여주었고, 사랑은 깨어진 관계를 복원하는 묘약이라는 것을 웅변적으로 증언해주었다.

냉정하게 따져보면 사실 세대간의 이해 차이는 인류가 역사를 발전시켜오면서 늘 경험했던 현실이다. 아무리 부모 세대가 자녀 세대를 잘 이해한다 해도 자녀에게는 그들만의 언어가 있다. 이것은 부모들이 자녀들을 이해하기 힘들게 만들며, 서로에게 상처를 남기기까지 한다. 오죽하면 대한민국에서 젊은 주부들을 대상으로 아파트 이름을 공모하면 발음하기 어려운 이름이 많이 나오는 이유가 시골에서 시어머니가 찾아오면 집을 못 찾게 하려고 그런다는 냉소적인 이야기까지 나오겠는가!

실제로 언제인가 딸아이의 책상을 정리하다가 가슴이 먹먹해지는 일을 경험했다. 노천명 시인의 「사슴」이란 시 한 편이 복사지에 기록되어 있었다. 제목 자체만으로는 아무 문제가 없었지만 "모가

지가 길어서 대략난감……"이라는 첫 행을 읽으면서 앞으로 과연 이 아이와 대화가 통할까 염려하지 않을 수 없었다. 이러다 세대간의 소통 부재 현상이 일어나고, 이것이 세대간의 차이로, 그 이후에는 가족 해체로 이어지는 것은 아닌가 하는 극단적인 생각까지 들었다.

사실 1세대인 부모 세대와 차세대인 자녀 세대가 함께하지 않고 독립 세대화되는 경향이 점점 심화되고 있다. 자녀들이 부모 부양의 의무를 지지 않으려는 경향은 어제오늘의 일이 아니지만, 실제로 부모 세대가 자녀들의 신세를 지지 않으려는 경향도 상당히 크다. 2008년도 초, 한 은퇴자협회의 설문조사에 의하면, 60대 이상 노년층의 79퍼센트가 자녀의 부양을 기대하지 않는다고 답했고, 74퍼센트는 노후 준비가 부족할 경우 스스로 해결하겠다는 응답을 한 것으로 나타났다. 그래서 자녀에게 기대지 않고 부부 둘이서 여생을 즐기는 실버 세대를 두고 통크족Two Only No Kids이라고 부르기도 한다.

핵가족의 정착과 이에 따른 가족 구성원의 변화는 「사철에 봄바람 불어 있고」라는 찬송가에 나오는 "어버이 우리를 고이시고 / 동기들 사랑에 뭉쳐 있고 / 기쁨과 설움도 같이하니 / 한 간의 초가도 천국이라"는 2절 가사를 무색하게 만든다. 한마디로 '스위트홈'이라는 단어는 노랫가락 속에나 나오는 잊혀진 말이 되어버린 것이다. '가족'이라는 안전망 자체가 근본적으로 변화하는 충격을 받으면서 상처를 치유할 안전지대를 상실한 우리 시대의 사회 전체가 홍역을 겪고 있는 듯하다. 그래서 그런지 몰라도 불륜, 삼각관계 등을 주제로 하는 TV 드라마들이 여과 없이 방영되는 등 '막장(?) 드라마'가 우리 사회에 횡행하고 있다.

그러나 분명한 것은 가족의 물리적 환경이 변화하면 할수록 가족을 향한 심리적 연대감은 더욱 증대한다는 사실이다. 그러므로 가족 구성원들 서로를 이어줄 수 있는 끈이 더욱 절실히 필요해진다. 이에 따라 세대와 세대 사이를 연대시키는 역할론이 부각되고 있다. 비록 현대인의 가족들을 들여다보면 과거적 개념의 가족이라는 틀에 대한 전통적인 합의는 무너졌지만, 이럴 때일수록 세대와 세대를 이어주고 전 세대와 차세대의 상호 이해와 이해를 촉진시키는 촉매 역할이 필요하다.

가족 해체의 현실이 눈앞에 버티고 있지만, 우리나라에서 주 5일 근무제가 실시될 무렵인 2000년 5월에 실시한 한 여론조사 결과를 보면 그나마 위안받을 수 있는 부분도 있다. 당시의 조사 결과에 따르면, 국민 대다수가 주 5일 근무제와 주 5일 수업제에 대해 찬성하고 있는 것으로 나타났다. 중요한 것은 주 5일 근무제로 얻게 될 휴일을 가족과 함께 보내거나 여가를 즐기는 시간으로 활용하겠다는 사람들이 절반을 넘었다는 사실이다. 어쨌든 새롭게 주어진 시간을 세대와 세대를 이어주는 귀한 시간으로 선용하겠다는 의식이 살아 있어서 그나마 다행이라는 생각이 든다.

주변의 모든 상황이 변한다 할지라도 가장 변하지 않고 그 자리에 있는 것은 가족이라는 것을 부인하는 사람은 아무도 없을 것이다. 에이브러햄 링컨은 "내가 성공을 했다면 오직 천사와 같은 어머니 덕분이다"라고 고백함으로써 가족의 중요성을 부각시켜주었다. 불행하게도 생활이 바빠지고 사회구조가 점점 복잡한 양상을 띠면서 할아버지는 손주를, 우리의 자녀들은 할아버지와 할머니의 너른 품을 체험할 수 없게 되었다. 마음이야 굴뚝같지만 폭등하는 집값 역시 전 세대를 하나로 묶는 데 방해가 되는 요소 중 하나다.

그러나 아무리 시대가 악해진다 하더라도 나 자신과 자녀들을 든든히 보호해줄 수 있는 울타리는 이 땅에서 함께 호흡하고 있는 가족들이다. 연령별로 볼 때 자신의 나이대가 할아버지와 할머니의 세대, 우리의 딸들과 아들들의 세대를 가장 효과적으로 이어줄 수 있는 매개 역할을 할 시기라고 판단된다면 아직도 늦지 않았다. 우리의 자녀들이 할아버지, 할머니와 함께하는 것 자체를 기쁨으로 여길 수 있도록 시간을 잘 선용해보자.

자녀들아 주 안에서 너희 부모에게 순종하라 이것이 옳으니라 네 아버지와 어머니를 공경하라 이것은 약속이 있는 첫 계명이니 이로써 네가 잘되고 땅에서 장수하리라

에베소서 6장 1~3절

"가정의 주인이신 주님!
그 누구와도 바꿀 수 없는
귀한 가족들을 허락해주신 것 감사합니다.
생명의 뿌리가 되는 어른들을 변함없이 존경하며
섬길 수 있게 하시고,
주님께서 주신 생명의 선물인 자녀들을
일관성 있게 사랑으로 대할 수 있는 은혜 주시기를 간구합니다.
저의 내려놓음과 섬김을 통해 온 가족이 주님 안에서
소통되고 하나 되는 기쁨을 누리게 하옵소서."

가정 2

가족을 위한 가장 큰 선물, 함께하는 것

애들이 정말 쑥쑥 자라는 것 같아요. 어느 날은 저녁에 좀 일찍 들어가서 두 살배기 아들 녀석을 번쩍 안으니까 갑자기 울음을 터뜨리더군요. 며칠 특근 때문에 별 보고 나왔다가 별 보고 들어갔더니, 그 녀석이 아빠 얼굴을 잊어버렸나봐요. 마음이 씁쓸했지만 어쩌겠어요. 목구멍이 포도청이니, 나중에 시간 좀 나면 애들과 잘 놀아줘야죠.

아마 "어! 바로 내 얘기네"라고 말하는 사람들이 꽤 있을 것이다. 실제로 대한민국 사회가 얼마나 바쁘게 돌아가고 있고, 한국의 아빠들이 얼마나 가족과 함께하지 못하고 있는지를 알려주는 통계

자료가 있다. 일본여성국립교육회관이 2008년에 세계 각국의 아빠를 대상으로 12세 이하의 아이와 함께 보내는 시간을 비교 · 조사했다. 발표한 내용을 보면, 한국 아빠는 하루에 2.8시간을 아이와 함께 보내는 것으로 나타났는데, 이는 조사 대상국 중 최하위의 수치다. 반면에 일본은 3.1시간, 프랑스는 3.8시간, 미국과 스웨덴은 각각 4.6시간, 태국은 5.9시간인 것으로 나타났다. 이 결과를 두고 한국은 전통적으로 자녀양육을 엄마에게 맡기는 풍토 때문이지, 한국의 아빠들이 가족들을 외면해서가 아니라고 할지도 모르겠다. 그러나 1994년 같은 조사에서 한국의 아빠들이 자녀들과 보내는 평균시간은 3.6시간으로 일본보다 높은 수치였다. 이 결과를 감안한다면 한국의 아빠들이 가족들과 함께하지 못하는 상황이 시간이 흐르면서 더 심화되었음을 알 수 있다. 이런 추세로 본다면 아빠들이 자녀들과 보내는 시간이 앞으로 더 줄어들고, 그 결과로 아빠들 자신은 물론 가족 전체의 정신건강을 해치는 상황이 발생하지 않을까 우려된다.

이렇게 우려하는 데에는 이유가 있다. 세계보건기구는 건강을 "신체적인 불완전과 질병이 없을 뿐만 아니라 온전한 심리적 · 생리적 상태 및 사회 적응 능력을 포함한다"고 정의하고 있다. 사회보건학자들은 정신건강을 위해 가장 중요한 것은 가정의 안정감이라고 말한다. 가정이 안정적이지 않을 때 불안정한 심리상태가 나타나고, 이것은 각종 질병을 유발하는 요인이 된다는 것이다. 어느 학자의 연구에 의하면 백혈병과 임파선 환자 100명을 대상으로 발병 전후의 생활 상태를 조사한 결과, 환자 대부분이 발병 무렵 심한 걱정에 사로잡혔거나 가정에서 큰 슬픔을 당한 일이 있었다고 한다. 결국 건강한 가정이 건강한 심적 상태를 유지시키고 몸을 건강하게 만드는 요인이라는 것을 알 수 있다.

따지고 보면 21세기에 들어, 고령화와 더불어 우리 사회에 새롭게 부상한 저출산 문제도 아빠가 가족과 지내는 시간이 부족한 데서 기인되었다고 할 수 있다. 전문가들은 아빠가 아이와 보내는 시간이 늘어날수록 출산율이 높아진다고 밝히고 있다. 2008년 9월, 이화여대 한국여성연구원이 주최한 세미나에 참석한 노르웨이 오슬로대학 요르겐 로렌첸Jorgen Lorentzen 교수는 "아빠의 육아 참여는 자녀수를 결정하는 가장 중요한 요소"라고 말했다. 출산율을 높이려면 남녀 모두 육아에 참여해야 한다는 것이다.

지금 서 있는 자리가 어디이든 대한민국 사회의 성인들은 바쁘기 그지없다. '화장실 갔다가 바지 지퍼 올릴 시간도 없다'고 말할 정도다. 외국인들이 우리나라에 와서 가장 빨리 배우는 말이 '빨리빨리'라는 데에서 볼 수 있듯이 우리는 너무 바쁘고 가족과 함께할 시간마저 없다. 그러나 가족과 함께하는 시간이라는 '기회'는 오랫동안 우리 앞에 머물러주지 않는다. 하루하루가 다르게 아이들이 자라고, 아내의 피부는 윤택함을 잃으며, 남편의 주름살은 늘어나기 때문이다.

그리스에 가면 기회는 결코 기다려주는 법이 없다는 진리를 알려주는 재미있는 동상이 있다고 한다. '기회의 동상'이라는 이름의 그 동상의 앞머리는 머리숱이 무성하고, 뒷머리는 대머리이며, 발에는 날개가 달려 있다고 한다. 그 동상 아래에는 "앞머리가 무성한 이유는 사람들이 나를 보았을 때 쉽게 붙잡게 하기 위함이고, 뒷머리가 대머리인 이유는 내가 지나갈 때 다른 사람이 나를 붙잡지 못하게 하기 위함이며, 발에 날개가 달린 이유는 내가 최대한 빨리 사라지기 위함이다. 나의 이름은 '기회'다"라는 글귀가 새겨져 있다고 한다. 사람들은 처음에는 동상의 기괴한 모습에 웃음을 터뜨리지만, 내용을 알고 나면 숙연해진다고 한다.

2002년 4월 28일 금강산에서 제4차 이산가족 상봉이 이루어졌을 때, 울음바다가 된 그 현장에서 평생 잊기 어려운 장면을 보았다. "애인 있었어? 난 52년간 수절했는데, 혹시 따로 사귀던 애인과 북한에 올라가 재혼한 거 아냐?"라며 따발총같이 말을 쏘아대 화제가 되었던 정귀업 할머니의 상봉 장면이었다. 한국전쟁으로 남편과 헤어져 52년간을 수절해온 할머니의 애절한 사랑 이야기는 많은 이들을 감동시켰고, 살아생전 남편을 보게 된 감격에 줄곧 눈시울을 붉히던 할머니의 인생 역정을 통해 민족 분단의 아픔을 느낄 수 있었다. 그러나 민족 분단이라는 거대담론보다도 부부가 어쩔 수 없이 헤어져 살아야 했던 지극히 개인적인 사실에 더욱 가슴이 아팠다.

일반적인 부부들의 얘기를 들어보면 결혼하기 전에는 함께하는 시간이 굉장히 소중했고, 시간이 지나가는 것이 아깝기만 했다고 한다. 그런데 어느 순간부터 남편들은 출근할 때 아내로부터 "여보, 오늘 퇴근한 뒤에 우리 얘기 좀 해!"라는 말을 듣는 게 제일 고역이라고 말한다. 이외에도 가족과 함께한다는 사실 자체에 심드렁해진 현대인들의 자화상은 여기저기 널려 있다. 그러다 보니 가족의 모습은 '콩가루 가족'이다 못해, 이제는 '두유 가족'이 된 경우가 많다. 실례로 조기유학 열풍이 불면서 홀로 남겨진 아빠가 아이들에게 한 번씩 날아갔다 오는 기러기 아빠, 가지도 못하고 유학비만 보내는 펭귄 아빠, 나름대로 경제력이 있어 언제나 가고 싶을 때 갈 수 있는 독수리 아빠라는 별칭도 생겼다.

「쉬운성경」에는 이렇게 기록하고 있다. "내가 살펴보니, 해 아래 허무한 것이 또 있었다. 어떤 사람은 아들이나 형제도 없는 외톨이지만, 끝없이 수고하며 자기 재산에 만족할 줄을 모른다. 그는 말한다. '내가 누굴 위해 이렇게 수고를 하지? 왜 나는 즐기지 못하는 걸까?' 이것 역시 허무한 일이다. 왜냐하면 두 사람이 한 사람보다 나은 것은 두 사람이 힘을 합치면 더 큰 일을 할 수 있기 때문이다."(전도서 4장 7~9절)

열심히 일하지만 누구를 위해 일하는지도 모르고, 나아가 가족들을 완전히 잊어버리고 일하는 것은 헛되다는 것이다. 자녀교육 전문가들의 조언을 종합해보면, 부모가 자녀들과 함께하는 시간이 많으면 많을수록 아이의 창의성이 높아지고 인격이 함양된다고 한다. 실제로 영국 BBC방송은 "가정 친화적 노동환경, 기업 생산성 높인다"라는 주제로 영국 케임브리지대학 경영연구소가 발표한 조사 결과를 보도했다. 내용을 살펴보면, 기업이 육아휴가, 자녀양육

보조, 재택근무 등 가정 친화적인 노동환경을 조성할 경우 생산성이 상당히 향상되고, 작업의 질이 개선되는 것으로 나타났다. 연구팀의 조사에 따르면 이런 환경이 직원들의 애사심을 고무시키고 이직률을 떨어뜨렸다는 것이다.

"사랑보다 더 귀한 것, 그것은 함께하는 것"이라는 아주 인상적인 광고 문구를 본 적이 있다. 가정의 울타리가 얼마나 중요한가는 아무리 강조해도 지나치지 않다. 주변을 돌아볼 여력도 없는 팍팍한 현실에서, 경주마처럼 앞만 보고 달려가면서 경제력을 키우더라도 함께해야 할 가족들을 뒷전에 밀어놓고 있는 이상 모든 것이 '헛되다'고 선언하는 성경 말씀에 귀를 기울일 필요가 있다. 지난 2007년 9월 여성가족부가 조사한 자료에 의하면, 직장인들이 이상적으로 생각하는 아빠란 '아이와 함께하는 시간이 많고 잘 놀아주는 아빠'라는 응답이 70퍼센트 정도 된다고 하니 그나마 다행이라는 생각이 든다. 소설 『대지』를 통해 장대한 중국의 가족사를 보여준 펄벅은, "가정은 나의 대지다. 나는 거기서 나의 정신적인 영양을 섭취하고 있다"고 고백했다. 무의식적으로 호흡하는 공기와 같은 존재로서 나를 지탱해주는 가족, 이들과 더불어 한 번뿐인 인생을 '어떻게 함께할 것인가?'라는 질문에 누구나 책임감을 가지고 답해야 한다.

어느 때나 하나님을 본 사람이 없으되 만일 우리가 서로 사랑하면 하나님이 우리 안에 거하시고 그의 사랑이 우리 안에 온전히 이루어지느니라

요한일서 4장 12절

"모든 사랑의 근원이신 하나님 아버지!
거칠고 복잡한 현실 때문에 사랑하는 가족들과
함께하지 못하는 상황이 자주 발생합니다.
그러나 한 번뿐인 인생 속에 특별하게 선물로 주신
가족들을 사랑하며 섬기는 기회를 놓치지 않게 하시고,
서로 사랑하는 우리 가족을 통해 미리 맛보는 천국을
온 가족이 날마다 경험하게 하옵소서."

가정 3

가정의 행복은 저절로 굴러들어오지 않는다

프랑스의 작가 타이스는 결혼과 남녀에 대해 다음과 같은 의미심장한 말을 했다.

> 남녀는 서로를 3주간 연구하고, 3개월간 사랑하다가, 3년간 싸우고, 30년간 참고 산다. 그리고 자식들도 이를 반복한다. 이것이 바로 결혼이다.

결혼 초기에는 '부부애'로 살다가도 3년만 지나면 '전투애'로 사는 것이 오늘날 공식화된 부부의 모습이다. 그러다 보니 우리 사회는 결혼에 대해 놀라우리만큼 냉소적이다. 결혼 시즌이 되어 청

첩장을 돌리면 결혼 안 한 친구들은 "야! 너 이성을 상실했냐?"고 반문하는 게 풍토다. 결혼은 '정신 나간 사람이나 하는 행동'이라는 뜻을 담고 있는 말인 것이다. 그리고 사람들은 인내력을 상실하면 이혼을 한다고 말한다. 여기서 한 걸음 더 나아가 사람들이 기억상실증에 걸리면 재혼을 한다는 말이 나돈다. 이런 분위기에서 「결혼은 미친 짓이다」라는 영화가 나오는 것도 당연해 보인다.

그러면 결혼식장에서 두 사람이 함께 약속하는 결혼 서약의 내용을 살펴보자. 주례자가 기독교 목회자일 경우, 일반적인 내용은 다음과 같다. "신랑과 신부는 오늘부터 한평생 길이 사랑하며, 귀중히 여기고, 서로 도와주고, 위로하고, 고락간에 변치 않고, 생전에 일정한 부부의 대의와 정조를 굳게 잡아 결코 변하지 않을 것이라고 하나님과 모든 증인들 앞에서 확실히 서약하십니까?" 결혼 서약서는 힘들 때나 즐거울 때나 아플 때나 건강할 때나 서로 사랑하면서 가정을 세워가겠느냐고 묻고 있다. 이 물음에 신랑 · 신부는 "예"라고 대답하고, 이어서 주례자가 "이 두 사람이 부부가 된 것을 공포하노니, 하나님께서 짝지어주신 것을 결코 사람이 나누지 못할 것이라. 아멘"이라 선언하면 결혼식은 끝을 맺는다. 그런데 이런 약속을 한 지 불과 몇 개월 또는 몇 년 만에 '전투애'로 똘똘 뭉쳐 한 지붕 아래에서 어쩔 수 없이 동거하는 것이 이 시대 많은 부부들의 자화상이다.

이 시대의 부부들이 어쩌면 서로에게 슈퍼맨이나 슈퍼우먼을 지나치게 기대하고 있는 것은 아닌지 궁금하다. 남편은 성격도 좋고

(일례로 잔소리도 안 하고), 아이들도 잘 양육하고, 살림도 알뜰히 살고, 재정적으로도 능력 있는 부인을 기대할지 모른다. 반대로 부인은 돈을 잘 벌어다주는 것은 당연하고, 가정적인 성격이라 아이들하고 잘 놀아주고, 자신의 일도 잘 도와주는 다정다감하고 성격 좋은 남편을 기대할는지 모른다. 기대 자체가 나쁜 것은 아니지만, 문제는 기대가 기대로 끝나지 않고 현실 속에서 기대치에 이르지 못하면 서로 불평하기 시작한다는 것이다.

결혼생활이란 몇 십 년을 다른 경험 세계에서 살았던 사람들이 만나 함께 꾸려가는 삶이다. 부부들의 생각이 얼마나 다르면 『화성에서 온 남자 금성에서 온 여자』라는 표현의 책이 나왔을까? 실제로 여성은 하루에 7,000단어 정도의 말을 하고, 남성은 2,000단어 정도의 말을 한다고 한다. 이런 차이에서 오는 문제는 서로 노력해서 극복할 수밖에 없다. 노력하지 않으면 파국을 맞이할 수밖에 없는 관계가 바로 부부관계다.

성경 역시 남편과 아내가 완벽해야 훌륭한 부부라고 선언하지 않는다. 다만 모든 일을 주께 하듯 성실하게 감당하는 이들을 칭찬하실 것이라고 밝힌다(골로새서 3장 23절 참조). 서로 부족한 사람들이 만나서 완성을 향해 조금씩 전진하며 함께 가꾸는 것이 가정이라고 해야 옳을 것이다.

모든 사람이 콧노래를 흥얼거리며 비단길이나 꽃길을 걸으면 좋으련만, 인생은 결코 그렇지 못하다. 성경에 나오는 장면을 예로 들면, 뒤로는 분노한 이집트 군대가 전속력으로 쫓아오고, 앞에는 도저히 건널 수 없는 홍해가 가로막혀 있는 형국을 언제든지 만날 수 있다. 누구나 이런 상황에 처할 수 있다는 사실을 인정한다면 동반자는 필수적인 존재다. 외롭고 힘들수록 더욱 그런 동반자가 필요하다. 즉 손이 닿지 않는 가려운 등을 긁어줄 수 있는 사람이 필요한 것이다. 가만히 생각해보면 사람들은 일생 동안 그런 사람을 만나기 위해 많은 시간을 허비한다. 그러나 지금 결혼한 상태라면 바로 그런 동반자가 내 옆에 있다는 사실을 깨달을 필요가 있다. 이것만 깨닫는다면 방금 보았는데도 며칠을 못 본 것처럼 보고 싶은 그를 내 옆에 두고 있는 기쁨을 누리며 살 수 있을 것이다.

분명한 것은, 가정의 행복은 저절로 굴러들어오는 것이 아니라 희생과 헌신으로 함께 만들어나가야 한다는 점이다. 우리나라 인구 중 20세 이상인 사람들의 경우 평일 24시간을 100퍼센트로 보고, 이것을 기초 활동시간과 의무적 활동시간, 그리고 여가 활동시간으로 각각 배분하여 살펴보면 '43:35:22'의 비율이라고 한다. 이중에 남편이 아내를 위해, 아내가 남편을 위해 대화하려고 노력하고, 함께 시간을 보내기 위해 노력하고, 서로를 이해하기 위해 노력하는 비율은 얼마나 될까?

행복한 가정을 만들기 위해서 두 사람의 인내와 기다림 그리고 노력이 필요하다. "부부가 진정으로 서로 사랑하면, 칼날폭만한 침대에서도 잠잘 수 있지만, 서로 반목하기 시작하면 폭이 10미터나 되는 넓은 침대도 좁다고 느낀다"라는 『탈무드』의 격언을 기억하며, 함께 노력하여 행복한 가정을 세워가도록 하자.

남편은 그 아내에 대한 의무를 다하고 아내도 그 남편에게 그렇게 할지라

고린도전서 7장 3절

"사랑의 주님,

나의 아내(남편)를 주님처럼

변함없는 사랑으로 대하기 원합니다.

첫사랑의 따뜻함을 잃지 않고

주님께서 우리를 소원의 항구로 인도하시는 그때까지

먼저 섬기며 사랑하게 하옵소서.

우리의 사랑과 이해함을 보고 우리의 자녀들이

또 그런 삶을 살 수 있도록 인도하여주옵소서."

가정 4

다자녀들 잘되라고 하는 일?

남자는 대학 2학년, 여자는 1학년 일 때부터 만나기 시작해 6년 동안 연애를 하다가 결혼을 했다. 결혼 후 한동안 두 사람만 사는 오붓한 기쁨을 맛보았다. 그렇게 꿈같은 시간을 보내다가 갑자기 아이가 태어났다. 신참 부부에게 갑자기 선물로 주어진 아기는 하품도 하고, 조그만 발가락을 꼼지락거리기도 했다. 부부에게는 아기가 신비하기도 했고, 사랑스러움 그 자체로 다가왔다. 그런데 어느 순간부터 조용한 부부생활이란 간 데 없고, 자신들을 위해서만 사용하던 시간과 물질이 엉뚱한 곳(?)에 쓰이는 듯한 느낌을 받으면서 미묘한 생각에 사로잡혔다.

이것은 첫 아이가 태어난 뒤 내가 경험했던 일이다. 결혼 후 1년 6개월 동안은 힘든 부분도 있었지만 두 사람만 있다는 것 자체만으로도 좋았다. 그러나 기대하지 않았던 선물이 하나 뚝 떨어졌다. 첫째가 태어나면서 삶의 중심축이 아이에게로 옮겨가게 되자 상황이 완전히 바뀌었다. 당시 직장을 다니던 아내와 시간 안배 때문에 작은 충돌이 일어나면 '저 녀석 때문에 도무지 할 일을 제대로 못하네' 하는 생각이 자주 들었다. 그동안 이런저런 순탄치 않은 일들이 많았던 것 같은데, 어느새 아이들은 더 이상 부모의 손길을 필요로 하지 않을 만큼 훌쩍 커버려서 이제는 아쉬운 마음까지 든다.

철학자 임마누엘 칸트는 "자식을 기르는 부모야말로 미래를 돌보는 사람이라는 것을 가슴속 깊이 새겨야 한다. 자식들이 조금씩 나아짐으로써 인류와 이 세계의 미래는 조금씩 진보하기 때문이다"라고 말한다. 꼭 이런 거대 담론적인 자녀 양육론이 아니더라도 동서고금을 통해 확인할 수 있는 것은, 자녀 양육은 부모의 책임이라는 사실이다. 그러나 자녀를 양육하면서 우리나라 부모들처럼 유별나게 행동하는 부모도 없다. 자녀들이 안락하고 기회가 많은 인생을 살 수 있도록 해주기 위해 물불을 가리지 않는다. 주변의 비난과 눈총이 제아무리 따가워도 자기 자식 잘 되는 일에 있어서 만큼은 절대 양보하지 않는다. 서너 살짜리 아이의 한 달 수업료가 직장인 월급에 버금가는 영어전문학원에 보내고, 그것도 모자라 아이의 영어 발음을 본토 발음에 가깝게 해주려고 혀 수술을 단행하기도 한다. 또 아이가 성장하면 입시, 결혼, 취업에 이르기까지 자녀들의 인생에 줄곧 관여한다. 자녀에 대한 이런 집착이 사회 문제로까지 비화되어 정치인과 기업인 자녀의 병역비리가 비일비재

하고, 이것이 친인척 비리로까지 이어지는 등 설명이 불가능한 자녀집착증후군까지 생겨나고 있다.

구약성경에도 자녀집착증후군에 빠진 한 어머니가 등장한다. 창세기 27장에 등장하는 야곱의 어머니 리브가다. 극성 엄마의 원조격이라 할 수 있는 리브가는 남편 이삭이 장남 에서를 축복하겠다는 말을 듣고, 둘째 야곱에게 "애야, 엄마가 하는 말을 잘 듣고 시키는 대로만 해라"(창세기 27장 8절)라고 말한다. 만약 리브가가 야곱의 건강을 위해 먹을거리에 신경을 좀 더 썼거나 깊은 영성을 가지기 위해 말씀을 많이 읽게 해달라고 하나님께 기도할 것을 권했다면 '원조 극성 엄마'라는 별명을 얻지는 않았을 것이다. 그러나 리브가는 야곱에게 형 행세를 하고 눈먼 아버지를 속이라고 지시한다. 아마도 각별히 사랑하는 둘째아들이 보다 많은 재물과 영적 유산을 물려받도록 해주기 위해서 뭔가 해야겠다는 생각을 한 것 같다.

우리가 '극성 엄마'라는 별명을 붙여준 것에 대해 리브가는 쌍둥이가 태어나기 전에 하나님께서 '형이 동생을 섬길 것'이라는 약속을 주셨으며, 자신은 단지 하나님의 뜻이 이루어지도록 신경을 썼을 뿐이라고 변명할 수도 있다. 다시 말하면 '절대 나를 위해서 한 일이 아니고, 다 자녀 잘 되라고 한 일'이라고 변명할 수 있는 것이다. 가만히 생각해보면 결코 틀린 말은 아니다. 그런데 리브가가 한 행동을 좀 더 깊이 생각해보면 비록 자신을 위해 한 일은 아니더라도 분명히 자신의 방법을 아들에게 강요했다고 볼 수 있다. 처음에 야곱은 "아버지를 속이면 축복은커녕 저주를 받게 될 것"(창세기 27장 12절)이라며 어머니의 방법에 저항하는 태도를 보인다. 그러나 리브가는 "아들아, 저주는 이 어미가 받으마"라고 대답함으로써 변함없는 극성 엄마의 표상을 보여준다.

가만히 보면 이 땅의 많은 부모들은 '자식을 위해서'라면 어떤 어려움도 감당할 수 있다고 생각하고, 또 그렇게 행동한다. 사실 자녀가 어릴 때는 습관이 형성되는 시기이므로 부모의 간섭이 절대적으로 필요하다. 그리고 잘못된 태도가 굳어지지 않도록 잔소리를 할 필요도 있다. 그래서 리브가처럼 "내가 시키는 대로 해"라고 요구할 수 있어야 한다.

그러나 우리가 그리스도인 부모라면 반드시 생각해야 할 것이 있다. 성경적으로 볼 때 우리는 자녀들을 하나님의 사람으로 키워야 할 책임과 소명을 맡은 청지기라는 의식을 가져야 한다. 우리 인생을 비롯한 모든 생명의 근원이자 주인은 만물을 창조하신 하나님이시다. 엄격히 말해서 이 세상에서 우리가 소유할 수 있는 것은 아무것도 없다. 모든 것이 하나님께로부터 와서 하나님께로 돌아가기 때문에 모든 소유권은 하나님께만 있다. 우리가 양육할 책임이 있는 자녀들도 마찬가지다. 하지만 그리스도인 부모들 가운데도 이런 사실을 간과하고 자식을 소유물로 생각하여 리브가처럼 행동하는 경우가 있는데, 그것은 하나님 앞에서 월권하는 행위다. 따라서 '다 자녀 잘 되라고 하는 일'이라는 말에 속지 말고 자녀들을 위해 판단하고 행동하는 것이 하나님께 영광이 될지를 생각하면서 아이들을 격려하고 믿어주는 자세가 필요하다.

어떤 공적인 자리에서 안면 있는 의사 한 분이 “내가 살면서 행한 가장 위대한 일은 하나님께서 나에게 맡겨주신 두 아이를 낳고 키운 것입니다”라고 말하는 것을 들은 적이 있다. 생각해보면 전적으로 나만 의지하고 나의 품 안에서 평화를 누리는 작은 생명체가 있다는 사실에 온몸이 전율하지 않는가? 이것은 인생에서 다시는 찾아오지 않는 절대 행복이다. 그러므로 자녀들이 성장하는 과정을 바라보며 즐기는 자세가 가장 필요하다고 생각한다. 그리고 하나님께서 나에게 그들을 특별히 위탁하셨다는 청지기의식을 잊지 말고, 자녀들이 가져다주는 성취감이나 전리품에 기뻐하지 말며, 자녀의 존재 자체를 기뻐하는 자세를 가질 필요가 있다. 또한 완벽한 부모가 아니라 아이의 눈높이와 보폭에 눈과 발을 맞추는 부모가 될 수 있다면 더없이 좋은 일이다. 그러기 위해서 사무엘을 위해 끊임없이 기도했던 한나처럼 자녀를 위한 축복의 기도를 드려보자.

오늘 내가 네게 명하는 이 말씀을 너는 마음에 새기고 네 자녀에게 부지런히 가르치며 집에 앉았을 때에든지 길을 갈 때에든지 누워 있을 때에든지 일어날 때에든지 이 말씀을 강론할 것이며

신명기 6장 6~7절

"만물의 주인이신 하나님!
자녀들을 위해 기도할 수 있는
특별한 은혜를 주셔서 감사합니다.
하나님께서 하나님 나라에 꼭 필요한 인물로 세우시기 위해
우리 가정에 위탁해주신 귀한 생명들을 위해
우리의 계획과 야망이 아니라 하나님의 뜻을 물어가며
양육할 수 있는 자녀 양육의 청지기의식을 잊지 않게 하옵소서.
우리 자녀들이 무슨 일을 하든지
하나님의 살아 계심을 인식하고
성령의 능력을 받아 삶으로써 하나님께서 그 길을 보여주시는
은총을 일생 동안 체험하며 살게 하옵소서."

| 제2장 |

내가 정말 행복하다고 생각하는가?

prayers for happiness

건강을 잃으면 모든 것을 잃는 것

쉼표를 통해 회복을 경험하라

스트레스를 벗고 평안의 옷을 입어라

인생의 후반전을 준비하고 있는가?

happiness

진정한 행복이 무엇인지 알지만, 정작 현실에서는
그것을 추구하지 못하고 좌절하게 됩니다.
꿈꾸는 대로 행복해지는 삶은
환경이 준비되었을 때가 아니라 내가 실천할 때
이루어진다는 것을 기억하고, 그리스도 안에서의
평안을 누리게 하옵소서.

행복 1

건강을 잃으면 모든 것을 잃는 것

'영은 선하고, 육은 악하다.'

예부터 영적 공동체인 교회 내에서 경건한 사람들은 육체적인 것은 소홀하게 생각하고, 신령하고 영적인 것에 보다 큰 가중치를 두었다. 사도 요한의 "살리는 것은 영이니 육은 무익하니라"(요한복음 6장 63절)라는 말씀이나 바울의 "육체의 연단은 약간의 유익이 있으나 경건은 범사에 유익하니 금생과 내생에 약속이 있느니라"(디모데전서 4장 8절)라는 말씀을 잘못 해석하여 이런 주장을 하는 듯하다.

초기 교회의 역사적 기록을 보면, 영과 육(물질)을 분리하는 극단적인 이원론에 빠진 이단들이 등장한다. 실례로 '영지주의자'들은 영적인 지혜는 선하지만 육적인 요소인 물질은 부패하고 악한 것이라고 여겼다.

그 결과, 부패한 육신을 제어하기 위해 극단적인 금욕주의의 모습을 보이거나, 반대로 육체(물질)적인 것들을 회복 불가능한 것으로 규정하여 아예 더러운 채로 내버려두거나 쾌락을 탐닉하는 등 극단적인 쾌락주의로 치달았다. 이렇게 보면 절제를 넘어선 금욕주의나 방임적 쾌락주의 모두 잘못된 영육 이원론에 기인한 것임을 알 수 있다.

그러나 영적인 성숙을 지향하는 그리스도인이라면 육적인 것이라도 하나님께서 함께하시면 영적이고, 영적인 것이라 할지라도 하나님께서 함께하지 않으시면 육적인 것임을 기억해야 한다. 영혼뿐만 아니라 육체 역시 하나님께서 주신 것이다. 성경은 우리의 육체가 하나님의 형상대로 표현되어 있고, 영적인 가치가 깃들어 있다고 증언한다.

몸의 가치를 절대시해서 몸을 우상화할 경우 문제가 되겠지만, 건강관리를 잘해서 몸의 상태를 잘 유지하는 것은 성경의 가르침이다. 다시 말하면 마음을 단정하게 해서 영적인 성숙을 꾀하는 것만큼 육체의 건강을 잘 유지하는 것 역시 우리 그리스도인들이 수행해야 할 사명인 것이다.

그런데 가만히 보면 우리의 자화상은 대단히 건강하지 못하다. 보건사회연구원이 해마다 발표하는 「국민건강영양조사보고서」에 따르면, 성인 비만율이 1998년 26.0퍼센트에서 2007년 31.7퍼센트로 증가했는데, 이는 성인 10명 중 3명이 비만이라는 말이다.

또한 보고서를 통해 우리의 건강상태가 전년도보다 항상 나빠지고 있다는 것을 알 수 있다. 실례로 성인들의 고질병인 고혈압에 걸린 사람의 비율이 2007년 24.9퍼센트에서 2008년에는 26.8퍼센트로 늘었고, 당뇨병 역시 9.5퍼센트에서 9.7퍼센트로 높아진 것으로 파악되었다. 안과의 경우 40세 이상 국민 10명 가운데 4명이 백내장을 앓고 있고, 5세 이상 국민 중 절반 이상인 53퍼센트는 근시 증세를 보이며, 난시는 무려 71.3퍼센트나 되는 것으로 보고되고 있다. 50세 이상 인구 중 골다공증이 있는 비율은 19.3퍼센트로 조사됐는데, 여성의 비율이 32.6퍼센트로 남성(4.9퍼센트)의 6배를 넘었다. 또 6세 이상 국민 중 28퍼센트는 비염 증상을 나타냈고, 12세 이상 국민의 24.8퍼센트는 난청을 앓고 있어 소음 노출이나 이어폰 사용 등에 주의가 필요한 것으로 나타났다.

사람이 살아가면서 항상 건강할 수만은 없지만, 이 결과대로라면 아프지 않은 사람이 거의 없는 셈이다. 가족 중 누군가가 입원을 하고, 한 가정을 책임지고 있는 가장이 건강을 잃어버릴 경우 심각한 파장을 불러일으킬 것이다.

어느 30대 가장은 "내가 하루라도 누워 있으면 우리 집 식구들은 손가락을 빨 수밖에 없다"고 처절하게 고백한다. 몸이 건강한 것은 하나님이 주신 복이다. 그래서 사도 요한은 하나님의 자녀들을 향해 "사랑하는 자여 네 영혼이 잘됨같이 네가 범사에 잘되고 강건하기를 내가 간구하노라"(요한삼서 1장 2절)라고 육체의 강건함을 위한 기도를 아끼지 않는다.

성경 속에서 건강을 잘 유지한 사람 중 대표적인 인물을 꼽으라면 모세를 들 수 있다. 그는 120세의 나이에 죽었다. 그러나 그는 죽을 때까지 눈이 흐리지 않았고, 기력이 쇠하지 않았다(신명기 32장 7절). 모세가 건강을 유지할 수 있었던 비결은 그의 생활방식에 있었다. 그는 광야생활을 통해서 걷기나 등산을 쉬지 않고 했을 것이고, 구약성경 신명기의 저자인 만큼 먹는 것에 크게 주의를 기울였을 것이다. 무엇보다 하나님께서 직접 내려주신 만나와 메추라기는 비만을 걱정할 필요가 없는 최고의 건강식이었을 것이다. 최고의 건강식에 끊임없는 걷기 운동, 여기에 더하여 하나님께서 직접 임재하시기에 두려움이 없었을 것이고 마음이 평안했을 것이니 어찌 기력이 쇠할 수 있었겠는가!

컴퓨터 이메일을 확인할 때마다 매일 빠지지 않고 올라오는 스팸 메일 중 하나는 건강과 관련된 것들이다. 그런데 이 메일들 가운데 도저히 신뢰할 수도 없고 결코 믿어서도 안 되는 것이 있다. 가만히 있어도 운동이 된다거나, 붙이기만 해도 살이 빠지고 성인병이 치료된다는 식의 광고 내용들이다. 어른이 된 이후 '돌아누울 시간조차 없다'는 말을 입에 달고 살고, 조금만 움직여도 숨이 차오른다면 그때가 바로 건강을 위해서 운동을 다시 시작해야 할 시기다. 건강을 위한 별다른 비책은 없다. 아무리 힘 들이지 않고 운동하는 신기술과 신비법이 소개된다 할지라도 땀을 흘리지 않고 건강이 유지될 수는 없고, 건강을 해치는 것들을 절제하지 않는 이상 건강을 유지하는 것은 불가능하다.

제대로 건강관리를 하지 않아서 강건함을 잃고 병에 걸리는 것을 죄라고까지 할 수는 없다. 하지만 하나님께는 송구한 일이다. 또한 함께 생활하는 가족들을 불행하게 만드는 일이다. 식당 벽면에 붙어 있는 '건강을 잃으면 모든 것을 잃는 것'이라는 표어는 결코 과장된 것이 아니다. 정말 행복을 맛보고 싶다면 우선 나와 가족의 건강에 유의하자.

주는 나를 용서하사 내가 떠나 없어지기 전에 나의 건강을 회복시키소서

시편 39편 13절

"나를 붙드시는 주님!
건강함으로 하나님과 이웃과
나의 가족을 더 잘 섬기고 싶습니다.
먼저 일상 가운데 건강을 해치는 것들을 피하고,
절제할 수 있는 은사를 허락해주옵소서.
주님께서 아직 건강을 허락하셨을 때
운동하며 건강을 잘 유지할 수 있는 지혜를 주시고,
육체의 약하고 힘없는 부분들은 만져주셔서
깨끗하게 치유받는 은혜를 체험하는 이 시간이 되게 하옵소서."

행복 2

쉼표를 통해 회복을 경험하라

지나온 삶을 나름 돌이켜보면, 가진 것이 너무 적어서 고민하기보다 하고 싶은 것이 너무 많아 고민했던 적이 더 많았던 것 같다. 이루고 싶은 것은 많은 데 반해 재능과 능력이 따라주지 않았다. 한 사람의 능력과 지능, 체력에는 분명한 한계가 있는데, 그것을 늘 인정하지 않았다. 늘 이기고 싶어 하고, 앞을 향해 분발하려고만 하니 마음에 여유가 없었다. 그러다 보니 실망도 커지고, 때로는 분노도 하며 시간을 허비했다. 쉼이나 휴식, 안식이라는 단어는 사치스런 말에 불과하다고 생각했다. 그런데 성경을 보면 예수님도 제자들을 향해 "한적한 곳으로 가서 쉬라"(마가복음 6장 31절)고 명령하셨다.

'인생은 장기 레이스와 같다'는 말은 금언 중의 금언이다. 마라톤 경주자는 결코 단거리 선수처럼 뛰어서는 안 된다. 마라톤 전문가들은 42.195킬로미터의 마라톤 풀코스를 일정한 속도를 유지하면서 달리는 것이 좋은 성적을 내는 최선의 방법이라고 한다. 실제로 모든 마라토너가 꿈꾸는 희망사항은 초반 스피드를 끝까지 유지해 결승선을 통과하는 것이라고 한다. 그런데 전 구간에서 스피드 저하 없이 꾸준히 달릴 수 있는 방안은 '호흡 조절에 의한 지구력 향상' 외에 달리 길이 없다는 것이 전문가들의 말이다.

30대 초반이냐, 중반이냐, 아니면 후반이냐에 따라 인생 레이스의 속도를 어느 정도로 잡고, 호흡 조절을 어떻게 해야 할 것인가는 각각 다르다. 그러나 중요한 것은 어느 시기를 막론하고 호흡 조절을 위해 쉬어주어야 한다는 점이다. 학창시절엔 수업이 끝나는 시간을 알리는 「엘리제를 위하여」나 「소녀의 기도」가 울리는 종소리를 늘 기다렸다. 그 소리 덕분에 학습능력의 극대화를 꾀할 수 있었다. 그러나 어른이 되면서부터 휴식을 알리는 종소리는 아무도 울려주지 않는다. 그래서 어느 지혜자는 '휴식을 알리는 종소리를 스스로 울려야 하는 상황을 맞이하게 될 때가 바로 어른이 되었을 때'라고 말한다. 휴식을 알리는 종소리가 나지 않는다고 일에만 빠져 있다면 어떤 결과가 나올지 불 보듯 뻔하다. 따라서 적당한 때에 쉼표를 찍어 힘 빼기와 힘 조절을 해주어야 한다.

시사주간지에서 대중음악 평론가들 사이에 '라이브의 황제'로 일컬어지는 모 가수에 대한 기사를 읽은 적이 있다. 20여 년이나 많은 히트곡을 내고 꾸준히 정상의 자리를 지켜온 이 가수가 새로운 앨범을 제작하면서 가장 중점을 둔 것이 바로 '힘을 빼는 것'이라고 했다. 뒤이어 다음과 같은 내용이 기사에 담겨 있었다.

> 노래에서 '힘을 뺀다는 것'은 일정한 경지에 다다른 가수들이 한 단계 업그레이드되는 상태를 말한다. 고전적 표현으로는 '득음'이라는 표현이 적합할 것이다. 오래전에 명창들이 전국의 명산을 찾아다니며 오랜 수련 끝에야 도달할 수 있었던, 인간의 소리가 아닌 자연과 어우러지고 산천초목이 화답하는 소리, 그 소리의 시작이 바로 힘을 빼는 과정이다.

어른이 되었다는 것은 자기가 행사할 수 있는 힘을 가졌다는 뜻이다. 그런데 여기서 중요한 것은 그 힘을 어떻게 조절할 것인가를 항상 고민해야 한다는 사실이다. 물론 힘을 집중하고 쉬지 않고 달려가야 할 타이밍에서 제대로 힘을 사용하지 못하면 그것만큼 억울한 일도 없다. 그러나 힘을 빼고 쉼표를 찍어야 할 곳에서 과도한 힘을 소비하는 것 역시 큰 문제다. 그래서 "힘은 사용했을 때는 이미 힘이 아니며, 강약을 조절할 수 없는 힘 역시 힘이 아니다"라는 말을 곰곰이 생각할 필요가 있다.

지나치게 쉼을 탐닉해서 쉼표를 너무 자주 찍다보니 본말이 전도되는 것도 문제지만, 잠시 일과 뚝 떨어져 적절한 쉼을 갖는 것은 절대적으로 필요하다. 이런 쉼이나 안식과 관련하여 기독교 저술가인 헨리 나우웬은 아주 좋은 예를 보여준다. 그는 자신이 섬기던 장애인 공동체 데이브레이크로부터 얻은 안식년인 1995년 9월 2일부터 1996년 8월 30일까지, 1년 동안 일기를 적었다. 이것은 『안식의 여정』이라는 제목으로 2001년에 우리나라에서도 출간되었다. 그가 세상을 떠난 날이 정확하게 1996년 9월 21일이므로 그의 삶의 마지막 1년이 이 책 속에 고스란히 담긴 셈이다.

헨리 나우웬은 남은 생애 1년 동안을 기도하고 묵상하며, 글을 쓰고, 많은 사람을 만났다고 고백한다. 이 책 속에서 그는 무려 600여 명에 이르는 친구들을 언급하고 있다. 깊은 영성을 소유했던 사람으로 알려진 그의 영적인 깊이와 감화력이 어디서부터 나왔는지를 짐작할 수 있는 대목이다. 일상을 떠나 쉬면서 친구들을 만나고, 그들의 이야기를 듣고, 기도 제목을 나누고, 쫓기지 않는 상황에서 기도하는 그의 모습을 상상하면 쉼에 대한 필요성을 다시 한 번 절감하게 된다.

지금 하고 있는 '일'도 힘들어 죽겠는데 어떻게 쉼까지 가질 수 있느냐고 할 수도 있다. 그러나 앞만 보고 달리다가 목표한 것을 "다 이루었다"고 선언하는 순간, 그 기쁨과 희열을 함께 나눌 수 있는 사람이 주변에 없다는 사실이 자신을 더 슬프게 만들 수도 있다.

인생의 마지막 자리에 이른 한 분이 "지금까지 삶을 살면서 가장 후회되는 것이 무엇인가?"라는 질문을 받았다. 그분은 "첫째는 선을 많이 베풀지 못한 것이고, 둘째는 참지 못한 것이고, 셋째는 즐기지 못한 것"이라고 대답했다. 생활 속에서 충분히 즐길 만한 것도 쉼표를 제대로 찍지 못해 놓쳐버린 아쉬움이 진하게 배어나온 이야기였다.

힘 있고 일감이 주어진 감사한 상황에서 일을 할 때는 하나님을 대신하는 것처럼 열정을 다해 일해야 한다. 그러나 창조주 하나님도 쉬셨다. 때때로 모든 긴장을 이완시키고 집중하던 일을 멈추고 쉬어보자. 하다못해 앉아 있는 자리에서 '일어섰다 앉았다'를 10번씩 한다든지, 팔굽혀펴기를 한다든지, 정신적인 부담이 가지 않는 범위 내에서 쉴 수 있도록 노력해보자. 그렇지 않으면 '스스로 좋아서, 그리고 하면 할수록 즐거워지는 일'인 나의 취미가 무엇인지 살펴보자. 자신이 행복감을 충족히 느낄 수 있는 좋은 취미를 가지고 있다는 것은, 나도 즐겁고 함께 살아가는 가족이나 이웃들과도 스스럼없이 어울릴 수 있게 해주며, 그들에게 긍정적인 영향을 끼칠 수도 있다.

프리드리히 니체는 "모든 사람들의 내면에는 놀기를 원하는 아이가 있다"고 사람들의 본질을 꿰뚫는 말을 했다. 지나친 쉼으로 방종에 이르는 것은 죄악이지만, 적당한 삶의 쉼표는 나를 새롭게 만들어줄 수 있는 동인이 된다. 당장 이번 주 중에 쉼표를 어디쯤에서 찍는 것이 좋을지 다이어리를 펴보라! 주님께서도 한적한 곳으로 가서 쉴 것을 명령하셨다.

너는 엿새 동안에 네 일을 하고 일곱째 날에는 쉬라 네 소와 나귀가 쉴 것이며 네 여종의 자식과 나그네가 숨을 돌리리라

출애굽기 23장 12절

"만물을 회복시키시는 주님!
주어진 일감을 주님이 주신 지혜와 힘으로
잘 감당할 수 있는 은총 주신 것 감사드립니다.
삶의 여정 속에 호흡 조절을 할 수 있는
영적인 안목을 허락해주셔서
적당한 때에 쉼을 통해 더 나은 날을
하나님 앞과 사람 앞에 보여드릴 수 있도록 인도해주옵소서.
상처받은 것이 회복되고 연약한 것이 치유되는 기쁨을
쉼을 통해 늘 얻게 하옵소서."

행복
3

스트레스를 벗고 평안의 옷을 입어라

평안을 너에게 주노라
세상이 줄 수 없는,
세상이 알 수도 없는 평안
평안, 평안
평안을 너에게 주노라

가사만 적어서 감이 잘 올지 모르겠다. 이 찬양을 정말 무지하게 좋아하는 기러기아빠 한 사람을 알고 있다. 이분을 만날 때마다 "평안하셨습니까?"라는 말로 인사를 나눈다. 그런데 표정에서 그가 진 삶의 무게가 느껴진다. 만나서 이런저런 이야기를 나누다 보면 멀리 떨어져 있는 아내와 자녀들 걱정으로 불안한 마음 상태를 볼 수 있다. 기도하고 헤어지는 대화 끝에는 거의 "주님 주시는 평안이 넘쳤으면 좋겠다"는 소원의 말을 함께 나눈다.

'마음의 평안이 없다면 그곳이 바로 지옥'이라는 말은 틀린 말이 아니다. 오죽하면 평안과는 반대되는 근심과 두려움을 마음속에 가지게 될 때 "뼈를 마르게 한다"고 잠언 17장 22절에서 강조했겠는가!

사실 우리의 삶을 돌아보면 평안이 없어서 불안 해소 비용을 지불하는 경우가 꽤 많다. 실례로 자녀들의 과외공부도 따지고 보면 불안 해소 비용이다. 자녀들의 특성을 살려주고 재능을 키워주기 위해서라기보다, 비슷한 또래의 다른 집 아이들은 과외공부를 하고 학원에 다니는데, 우리 아이만 하지 않는다면 뒤떨어질 것 같은 불안감 때문에 비용 지불을 하는 것이다. 우리나라의 학부모 10명 중 8명은 아무리 가계 부담이 크더라도 사교육비를 줄일 의사가 없다고 한다. 그래서 「달마가 동쪽으로 간 까닭은?」이라는 영화 제목의 물음에 대해 한국의 학부모들은 "사교육비 없는 동네를 찾아서"라고 답했다는 웃지 못할 유머도 있다.

모두가 불안한 시대다. 한마디로 평안이 없는 것이다. 사회구조를 조금만 깊게 들여다보면 희망이 없고 평정심을 유지하기가 어려운 형국이다. '술을 마시게 하고 욕이 나오게 하는 세상'을 억지로 사는 사람들이 많다. 그러다 보니 사람들이 더욱 거칠어져간다. 학교 주변이나 길거리를 걷다 보면 욕이 없으면 문장이 형성되지 않는 중고생뿐만 아니라 어른들도 어렵지 않게 만나게 된다. 실제로 우리 사회에 욕 문화(?)가 어느 정도 퍼져 있는가는 한국인터넷기업연합회라는 단체에서 낸 자료가 증명하고 있다. 이 단체에 따르면, 국내 인터넷 포털 사이트와 콘텐츠 업계에서 욕설이나 한글 오남용, 비어와 속어, 음란 단어 등을 막기 위해 사용하는 돈이 최소 2,900억 원에서 최대 5,800억 원으로 추정된다고 한다. 주요 업체들이 지불하는 모니터링 요원의 인건비에만 50억 원이 들고, 인터넷 시스템에서 이런 언어들을 삭제하는 데 소요되는 비용만 한 해 50억 원 정도 들어간다는 것이다. 필터링 기능이 좋아졌다고는 하지만, 인터넷 언론에 실린 기사들 아래에 달리는 댓글들 가운데 가히 저주와 욕에 가까운 폭언들이 난무하는 경우가 매우 많다.

도대체 무엇이 우리 사회를 술독에 빠지게 하고, 그리스도인들의 입에서까지 아무렇지 않게 욕이 튀어나오게 할까? 생각해보니 대답은 간단하다. 사람들이 화가 나 있기 때문이다. 사람들이 순리라고 생각하는 것을 역리로 바꾸어버리는 세상에서 상식조차 통하지 않는 상황들을 보며 노기에 가득 차게 된 것이다. 개인적으로 보면 장래가 불안하고, 함께 일하는 다른 사람들이 자신을 어떻게 평가할 것인지 걱정이 되면서 인간관계 역시 불안하며, 30대 중반을 넘겨서는 건강까지 슬슬 걱정되고 불안해지기 때문이다. 어느 날, 학창시절 나보다 나은 것 하나도 없던 친구(?)를 만났더니 아주 잘나가고 있어 자괴감에 시달리기도 한다. 게다가 힘들여 준비한 프로젝트가 왕창 물거품이 되고, 그 책임이 자신에게 돌아와 억울함과 화가 치밀어오르기도 한다. 나이를 먹어가면서 어린 시절 가졌던 평안은 온데간데없이 사라지고 세상의 모든 짐, 이른바 스트레스를 다 끌어안고 살아가는 자신의 모습을 발견하고 머리를 쥐어뜯는다. "원래 그런 사람이 아니었는데"를 수없이 되뇌지만, 불안한 미래를 생각하면 입에서 욕이 저절로 튀어나오는 것이다. 그러다 보니 전 사회적으로 우울증에 걸린 사람들이 점점 늘어난다. 1990년에는 폐렴, 설사, 출산 관련 질병이 3대 질병이었으나, 2020년이 되면 허혈성 심장질환, 교통사고와 함께 우울증이 3대 질병이 될 것이라고 한다.

그러나 가만히 정리해보면 모든 스트레스가 사회적 환경 탓만은 아님을 알 수 있다. 구약성경이 기록되었던 아주 먼 옛날부터 사람들에게서 평안함을 앗아가는 스트레스가 존재했다. 전도서를 기록한 저자는 사람들이 평안을 잃어버리고 음울하게 사는 이유를 다음과 같이 명확하게 지적한다.

> 온갖 노력과 성취는 바로 사람끼리 갖는 경쟁심에서 비롯되는 것임을 나는 깨달았다. 그러나 이 수고도 헛되고, 바람을 잡으려는 것과 같다. '어리석은 사람은 팔짱을 끼고 앉아서 제 몸만 축낸다'고 하지만, 적게 가지고 편안한 것이 많이 가지려고 수고하며 바람을 잡는 것보다 낫다. 나는 세상에서 헛된 것을 또 보았다. 한 남자가 있다. 자식도 형제도 없이 혼자 산다. 그러나 그는 쉬지도 않고 일만 하며 산다. 그렇게 해서 모은 재산도 그의 눈에는 차지 않는다. 그러면서도 그는 가끔, '어찌하여 나는 즐기지도 못하고 사는가? 도대체 내가

누구 때문에 이 수고를 하는가?' 하고 말하니, 그의 수고도 헛되고 부질없는 일이다.(전도서 4장 4~8절, 표준새번역)

결국 평안을 잃어버리는 근원적인 이유는 사람의 욕심 때문이다. 이미 많이 가졌음에도 불구하고 그것이 성에 차지 않아, 자기 만족의 비결을 배우지 못해서, 그리고 더 높이 올라가야만 직성이 풀리는 성공 강박증이 평안을 빼앗아가는 원인이다. 오히려 적게 가지더라도 평안을 누리는 것이 땀 흘리는 수고를 통해 모든 것을 가지는 것보다 훨씬 낫다는 것이다. 이 말은 스트레스 없이 살기 위해 대충대충 책임감 없이 살자는 의미가 결코 아니다. 열심히 일하되 바람까지 잡으려는 수고 때문에 스트레스 받지 말자는 의미로 받아들이면 될 것이다. 그래서 "(장차 우리가 들어갈) 관에는 짐을 얹는 선반이 없다"는 돈 헨리의 말을 기억할 필요가 있다.

뒤집어 생각해보면 사실 불안함 자체가 모두 잘못된 것은 아니다. 과식을 해서 체중이 점점 늘어나는 것에 대해 불안한 마음을 가지는 것은 그리 나쁘지 않다. 이런 불안감이 있는 사람들은 음식을 절제하기 위해 신경을 쓰고 조절을 할 것이기 때문이다. 간 기능 손상에 대한 불안함으로 금주를 선언하는 것 역시 나쁜 일이 아니다. 그러나 삶 속에서 일어나는 모든 일들을 바라보면서 그 속에 잠재되어 있는 일말의 가능성만으로 불안에 떠는 것은 바람직하지 않다. 그런 불안은 사람을 소극적으로 만들 뿐만 아니라 더 나아가 인생 전체를 망쳐버릴 수도 있기 때문이다. 그러므로 일상에서 평안함을 가지는 것은 행복을 위해 절대적으로 필요한 요소다.

이 세상에서 고난이 없기를 구하는 것만큼 어리석은 기도는 없다고 생각한다. 천국 가는 순례의 길을 가는 동안 우리의 마음속으로부터 평안을 빼앗아갈 일들이 끊임없이 닥치게 마련이다. 그러므로 참된 평안을 얻기 위해서라면 오히려 세상을 향해 담대함으로 맞서 싸울 필요가 있다. 이렇게 말할 수 있는 근거는, 비록 우리가 세상에서 환난을 당하지만 우리에게 참된 평안을 끼치기 위해서 "이미 세상을 이기었다"고 말씀하시는 예수님이 계시기 때문이다.

하나님께서 허락하신 재능과 후천적인 성실함을 갖추고 있다면 여기에 평안의 원천이신 예수님을 전적으로 신뢰하는 평안의 마음도 하나 더 추가하길 바란다. 이것이야말로 진정한 행복을 추구하는 사람이 갖추어야 할 요소다.

평안을 너희에게 끼치노니 곧 나의 평안을 너희에게 주노라 내가 너희에게 주는 것은 세상이 주는 것과 같지 아니하니라 너희는 마음에 근심하지도 말고 두려워하지도 말라

요한복음 14장 27절

"평안의 원천이신 주님!

세상이 점점 거칠고 완악하게 변해가는 것을 느낍니다.

더 많이 가지고, 더 높은 자리에 오르기 위해서

조급하게 서두르는 마음으로 인해 늘 불안합니다.

그러나 세상의 모든 악한 것과

불의와 불안한 것들을 이기신 주님을 신뢰함으로써

주님만이 주실 수 있는 참 평안을 누리며 늘 승리하게 하옵소서."

행복 4

인생의 후반전을 준비하고 있는가?

아메리카 인디언 격언에 다음과 같은 말이 있다. "네가 태어났을 때, 너는 울었고 세상은 기뻐했단다. 네가 죽을 때에는 세상이 울고 네가 기뻐할 수 있는 삶을 살아라."

인생을 가슴 벅차게 살다가 기쁨으로 마감할 수 있다면 그것만큼 복된 인생은 없을 것이다. 그러나 냉정하게 생각해보면 한국 사회에서 20대는 에너지가 있으나 길이 안 보이고, 30대는 노예처럼 일하고, 40대는 직장에서의 위기감과 건강의 적신호에 근심하고, 50대는 사회에서의 퇴진, 60대 이상은 동정의 상대로 전락하는 것이 우리가 몸담고 있는 사회 현실이다.

사실 불과 200년 전만 해도 사람의 평균수명은 25세에 지나지 않았다고 한다. 그러나 21세기에 들어선 이후 우리의 평균수명은

100년 전의 두 배, 18세기의 세 배에 육박하게 되었다. 통계청에 따르면 2008년 출생아의 기대수명은 80.1년으로 70년 대비 18.1년, 98년 대비 5.3년, 2007년 대비 0.5년 늘어난 것으로 확인되고 있다. 이렇게 급격한 평균수명의 상승은 60대를 청년으로 만들었고, '9988234(99세까지 팔팔하게 살다가 2~3일 앓다가 죽는 것)'를 꿈꾸는 사회가 되었다. 이런 추세에 따라 『꿀벌과 게릴라』에서 게리 해멀Gary Hamel 교수는 혁명을 이끄는 리더십을 지닌 이들이 미래 사회에 주목해야 할 키워드로 '회색 사회'를 지목했다. 즉, 미래 사회는 전 세계에 걸쳐서 노인들이 가장 힘 있는 세력이 될 것이고, 젊은이들 만큼이나 건강하고 활력 있는 노인들로 인해 나이 든 사람들을 먹이고 즐겁게 하고 이동시키는 서비스와 제품이 폭발적인 성장세를 보일 것이라고 내다보고 있다. 실제로 통계청이 발표하는 「인구주택총조사」에서 2010년 65세 이상 인구 비중은 전체 인구의 11퍼센트 정도였다가 2050년에는 38.2퍼센트로 높아져서 한국인 10명 중 4명은 '노인'이 될 것이라는 전망을 내놓고 있다.

그런데 의료기술의 발달과 삶의 질 향상으로 생물학적 인생은 길어졌지만, 노년의 자화상은 그리 밝지 못하다. 온갖 정성을 쏟아 자녀들을 키우면 뭔가 남는 것이 있어야 하는데 자녀들은 거의 대처大處로 나가버린다. 그래서 집 안에는 그저 덩그러니 노부부밖에 남지 않게 되는 상황을 대부분의 가정들이 겪을 것이다. 이런 상황을 빗대어 '빈둥지증후군empty nest syndrome'이라는 말까지 나왔다. 암컷이 낳은 알을 부부 새가 열심히 품어 부화시키고 지극정성으로 사랑을 쏟아 키우지만, 새끼들은 어느 정도 자랐다고 생각하면 부모들을 뒤로하고 제 갈 길로 훌쩍 가버리는 것이다. 이런 상황에서 노년층이 겪는 Loss(상실), Isolation(소외), Depression(우울증)의 영문 이니셜을 따 'LID신드롬'이라는 말까지 등장했다. 가장 최근에 이런 일을 겪었을 우리네 부모님들의 심정은 어떠했을까 생각해보면 마음 한 구석이 아려오는 느낌을 지울 수 없다. '빈둥지증후군' 외에도 '은퇴남편증후군Retired Husband syndrome'이라는 말도 있다. 이것은 은퇴한 남편 때문에 아내의 스트레스 강도가 높아져 신체적 · 정신적으로 이상이 생기는 현상을 일컫는 말이다. 이러다 보니 전체 이혼율은 줄어도 황혼 이혼율은 늘어가는 추세다.

나이 먹는 것을 두려워할 필요는 없지만, 통계청의 보고를 비롯한 사회의 전반적인 추세는 이전의 상황과는 또 다른 양상이 우리 앞에 펼쳐질 것을 예견하게 해준다. 노인복지학을 전공한 전문가들의 말을 들어보면 평균수명이 60세 정도로 짧을 때는 자신이나 부부의 노후를 위해 특별한 준비를 할 필요가 없다고 한다. 또 장수하는 경우에도 여러 자녀들이 노후를 분담하는 미풍양속이 있기 때문에 가족은 물론 국가 전체로도 그다지 걱정할 사회문제가 아니라고 한다. 그러나 평균수명이 80세를 넘게 되면 문제는 크게 달라진다는 것이다. 일반 직장인들의 평균 퇴직 연령을 높게 잡아 60세로 보더라도 퇴직 후 적어도 20년, 즉 제3의 인생을 살아갈 계획을 짜야 한다는 것이다. 또한 주지하고 있는 사실이지만 한 쌍의 부부당 자녀가 한 명 혹은 두 명 이하인 현실을 감안한다면 자신의 노후를 자녀에게 내맡긴다는 것도 따지고 보면 불안한 상황임에 틀림없다. 실제로 통계에 의하면 한국의 인구구조가 급속도로 늙어감에 따라 1980년에는 노인 한 명을 부양하는 생산가능인구(15~64세)인 노년인구 부양 비율이 16.3명이었으나 2003년에는 8.6명으로 낮아졌다. 또 2030년에는 2.8명으로 줄어들 전망이라고 한다. 3명 이하의 생산능력을 가진 사람들이 노령인구 한 명을 섬겨야 하는 사회적 구조는 활력이 크게 떨어지고 사회적 부담이 무거워질 대로 무거워진 사회임에 틀림없다. 이미 장수국가로 알려진 일본에서는 학교 졸업 후 첫 직장에 들어가면 종신보험부터 가입하기 때문에 가입률이 세계 최고를 기록하고 있다.

이제 인생을 조금 알고, 삶의 최전선에 전진 배치되어 있는 상황에서 인생의 노년기를 어떻게 준비해야 할 것인지에 대해 관심을 기울여야 한다는 것은 어쩔 수 없는 현실이다. 그러나 많은 사람들은 의학기술의 발달로 건강을 잘 관리하기만 하면 노화현상을 극복할 수 있고 늙어도 젊게 살 수 있을 것이라는 생각을 가지고 있다. 그리고 더 나아가 제임스 힐튼의 소설 『잃어버린 지평선』에서처럼 평생 늙지 않는 샹그릴라를 꿈꾸는 이들도 있다. 결국 우리가 살아갈 미래사회는 평균수명이 점점 늘어나 노후기간이 연장되는 상황을 맞이하게 될 것이다. 이런 의미에서 이른바 제3의 인생이라고 불리는 노년의 삶을 보다 보람 있게 보내고 하나님의 뜻에 따라 살고자 한다면 점검과 준비가 필요하다. 이 말은 노후에 경제적 윤택함을 지속적으로 누리기 위해 일본 사람들처럼 종신보험이나 연금에 가입하는 것만을 의미하는 것은 아니다. 노년에도 받기만 하는 삶이 아니라, 어떻게 하면 나 자신과 내 주위의 사람들이 지속적으로 더 나은 삶을 살도록 도움을 주는 인생을 살 수 있을 것인가에 대한 문제인 것이다.

정말 '준비된 노후'는 축복 그 자체다. 주님이 "내일 일은 내일 염려하라"(마태복음 6장 33절)고 하셨으니 노후 준비는 의미가 없는 것이라고 할지 모른다. 그러나 예수님께서 이 말씀을 하신 전후 맥락을 살펴보면 미래를 주님께 맡기고 오늘을 열심히 살라는 의미다. 걱정과 준비는 엄연히 다른 것이다. 그러므로 아직 젊지만 하나님께서 우리에게 지금 베풀어주신 여러 가지 교육과 훈련의 기회를 십분 활용하여 노후를 준비하는 것이 지혜로운 자의 현재 삶이다. 자투리 인생을 사는 것처럼 어쩔 수 없이 한쪽으로 물러나 노년을 보내지 않고 하루하루 새로운 삶을 살기 위해서는, 현재 하나님께서 나에게 주신 소명을 신실하게 이루기 위한 준비를 해야 한다. 이런 점에서 사도 바울은 에베소서 5장 16절에서 우리를 향해 "때가 악하니 가능하면 선한 일을 할 수 있는 기회를 잘 붙드시기 바랍니다"(쉬운성경 참조)라고 충고한다.

인생의 황혼에 관한 이야기를 정리하면서 삶의 끝을 300년 동안 하나님과 동행했던 '에녹'처럼 살다가 하나님 앞에 갔으면 좋겠다는 생각을 하게 된다. 주일학교에 다니는 한 어린이는 창세기 5장에 나오는 에녹의 삶에 관해 엄마에게 다음과 같이 설명했다고 한다.

엄마, 에녹이 매일매일 하나님과 함께 재미있게 놀았대. 그런데 어느 날 하나님이 에녹에게 이렇게 말했대. '에녹, 오늘은 너무 멀리 왔구나. 오늘 나와 함께 우리 집에 가겠니?' '예'라고 에녹이 대답하니까 그날 에녹은 하나님의 집으로 함께 갔대.

나의 호흡이 끝나는 그 시간까지 보람 있는 삶을 살기 위해 지금 나에게 남아 있는 시간과 젊음과 기회를 어떻게 활용하고 있는지 점검해보자. 그리고 하나님과 매일 동행하다가 하나님께서 함께 가자고 부르시는 그날 주저함 없이 기쁜 마음으로 하나님의 집으로 가는 삶이었으면 좋겠다.

오직 사랑 안에서 참된 것을 하여 범사에 그에게까지 자랄지라 그는 머리니 곧 그리스도라

에베소서 4장 15절

"나의 삶의 전부이신 주님!

다가올 미래에 대한 두려움이 저의 안에 꽉 차 있습니다.
그러나 하나님은 저의 편으로 지금 여기 계실 뿐만 아니라
내가 걸어가는 모든 길의 여정 속에 함께하시겠다고
약속하셨사오니 믿음으로 미래를 향해 걸어가겠습니다.
백발은 영화의 면류관이라고 하셨사오니
정말 노년의 삶이 그렇게 되도록 젊음의 때에
주어진 시간 속에 잘 준비할 수 있는 지혜를 주셔서
다가오는 노년의 삶에도
하나님 나라를 위한 영광의 도구가 되게 하옵소서."

이 졸고를 쓰는 동안에도 세상은 '생각대로'가 대세를 이루고 있고, 사회적으로 권위 있는 진리가 전혀 수용되지 않고 있습니다. 하지만 모든 것을 아시는 분, 나의 선택과 가는 길을 확실하게 아시는 분, 또한 누구보다 나를 가장 잘 아시는 분은 바로 '전능자 하나님'이시라는 인식을 다시 한 번 새롭게 할 수 있었습니다. 위로부터 오는 말씀을 제대로 들어야겠다는 깨달음을 다시 한 번 확인한 것입니다. 그래서 인생의 여정 속에서 맞닥뜨릴 수밖에 없는 일들에 대해 하나님께 기도로 여쭈어보고, 그 대답을 듣기 위해 말씀을 묵상하는 일에 더욱 매진해야겠다는 다짐을 해봅니다.

아마도 내 아내는 이 책을 보고 "하루하루를 전력 질주하며 살아가는 이들에 비해 늘 비판받아 마땅한 부족한 사람이 무슨 이런 책을 냈느냐?"고 살짝 타박할지도 모르겠습니다. 독자 여러분들은 이 책이 부족한 제 자신을 좀 더 잘 추스르기 위한 작은 몸짓이었음을 너그러이 이해해주시길 바랍니다.

글을 마무리하면서 이 자리를 빌려 감사의 마음을 표현해봅니다.

소명 받은 자가 어떤 모습으로 서 있어야 할지 온몸으로 모범을 보이신 옥한흠 목사님과 손인웅 목사님, 그리고 김경원 목사님과 오정현 목사님을 비롯한 귀한 멘토들께 감사의 인사를 드립니다.

또한 부족한 자를 앞서 이끌어주시는 귀한 선배님들, 칼이 칼을 날카롭게 하는 것처럼 함께 토의하고, 사역 속에서 항상 아름답게 동행해주는 동역자님들께 머리 숙여 감사드립니다. 특별히 긴 시간을 인내하며 원고를 기다려주고 거친 글을 다듬어준 위즈덤하우스의 박선영 부사장님과 편집부에 미안함과 아울러 감사를 드립니다.

마지막으로 지친 마음을 늘 새롭게 해주는 아내와, 스스로 내일을 준비하며 뚜벅뚜벅 걸어가는 아들 건희, 그리고 다함없는 귀여운 딸 가은이에게 고마움을 전합니다.

아무쪼록 먼저 말하기에 앞서 유일한 진리의 표준인 하나님 말씀에 비춰보는 것에 익숙하고, 행동하는 것에 민첩하기보다는 하나님께 겸손히 기도로 묻는 것이 익숙한 일상이 되시기를 바랍니다.